—おもいで—
山科節子

Origami picture album "Reminiscence"
by Setsuko Yamashina

折り紙四季の作品集

折紙あそび (P12-19)

Playing origami

《ご挨拶》
　1999年に月刊「おりがみ」で連載した「おもいで」を、一冊の本にして頂き、ただ嬉しく10年前を懐かしく思い出しております。不安一杯で始めた連載でしたが、まわりの人達にも助けられて12月の作品が終わったときにはホッとしたのを覚えております。
　当時、特別号で抜けた9月には今回収録にあたって「とんぼ」、ほか新作を2点、また「362号」の「詩を折る」に掲載した「折紙あそび」も再度ご覧ください。
　金沢生まれの金沢育ちで、郷土にこだわったところも多いと思いますが、多くの皆様にとっても懐かしい思い出の情景として一作品でも折って頂ければ幸せです。
　出版に際しましてご尽力くださいました方々に厚く御礼申し上げます。

　　　　　　　　　　　　　　山科節子

《作者紹介》　The author
1930年　石川県金沢市に生まれる
1948年　石川県二水高等学校卒業
1951年　矢部ドレスメーカー女塾
　　　　師範科卒業

孫の這い這いでお針を持てなくなるまでの33年余りは洋裁に専念、以後、折り紙にのめりこむ。専業主婦

1991年　折紙講師資格取得
2000年　折紙師範資格取得

和風の作品が多いのは日本舞踊を教えていた亡き姉の面影を偲んでいるのかも知れません

Folding origami has been my means of expressing my experiences and scenes from Kanazawa city in Japan, where I was born and grew up. It would make me very happy if you too were to make an origami picture from this book as an expression of some fond memory.

新作家シリーズ3

1

～おもいで12か月～ Reminiscence

1月
In January

お正月

(P20-23)

New Year

2月
In February

雪遊び

(P24-30)

Playing with snow

2 新作家シリーズ3

3月　In March

立ち雛

(P31-36)

Standing hinadolls

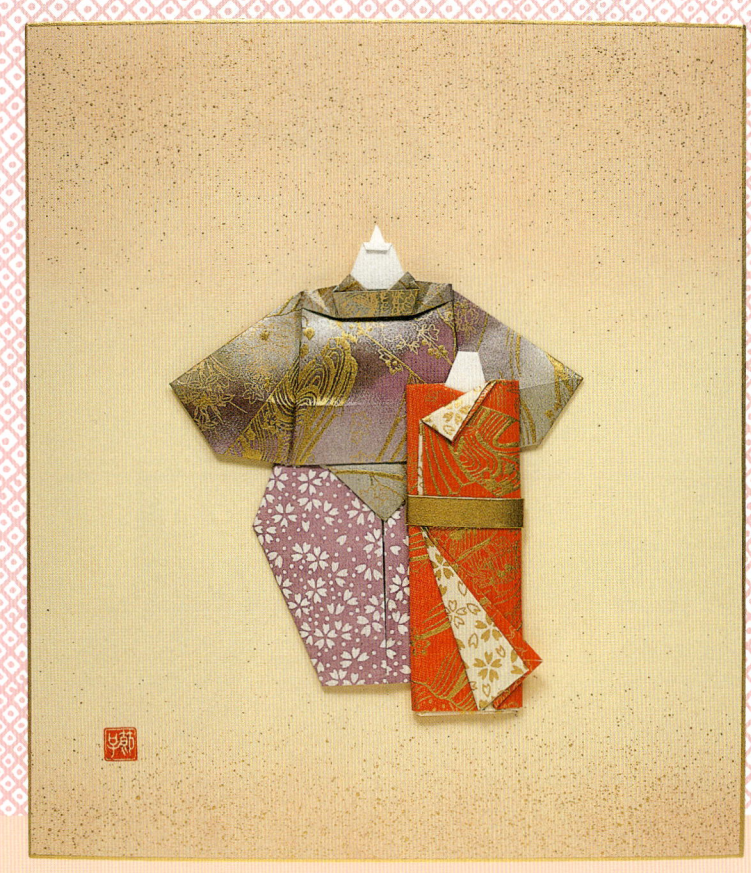

4月　In April

チューリップ

(P36-38)

Tulips

新作家シリーズ3

3

5月
In May

端午の節句

(P39-46)

Boys' festival

6月
In June

百万石まつり

(P47-53)

Hyakumangoku Festival

新作家シリーズ3

7月
In July

金魚

(P54-57)
Goldfish

8月
In August

世界に平和を

(P58-63)
Hoping for world peace

新作家シリーズ3

5

9月
In September

とんぼ

(P64-70)

Dragonflies

10月
In October

紅葉

(P71-76)

Red leaves

6　新作家シリーズ3

11月
In November

落ち葉掃き

(P77-84)

Sweeping up fallen leaves

12月
In December

もうすぐお正月

(P85-91)

Happy new year will come soon.

新作家シリーズ3

7

椿
(P92-96)
Camellia

マリオネット
(P97-102)
Marionette

8 新作家シリーズ3

もくじ Contents

折り始める前に………………10～11
Symbols and Basic folds

＊＊

折紙あそび………………12～19
Playing origami

＊＊

～おもいで12か月～ Reminiscences

〔1月〕お正月 ……………20～23
In January　New Year

〔2月〕雪遊び ………………24～30
In February　Playing with snow

〔3月〕立ち雛 ………………31～36
In March　Standing hinadolls

〔4月〕チューリップ ……36～38
In April　Tulips

〔5月〕端午の節句 ………39～46
In May　Boys' festival

〔6月〕百万石まつり ……47～53
In June　*Hyakumangoku* Festival

〔7月〕金魚 ………………54～57
In July　Goldfish

〔8月〕世界に平和を ……58～63
In August　Hoping for world peace

〔9月〕とんぼ ……………64～70
In September　Dragonflies

〔10月〕紅葉………………71～76
In October　Red leaves

〔11月〕落ち葉掃き………77～84
In November　Sweeping up fallen leaves

〔12月〕もうすぐお正月…85～91
In December　Happy new year will come soon.

＊＊

椿……………………………92～96
Camellia

マリオネット……………97～102
Marionette

＊＊

日本折紙協会案内……………103

色紙について

この本に紹介している、15点の色紙作品は、台紙に「大色紙」を使っています。
大色紙は、27cm×24cmの大きさの色紙で、サイン書きなどにも使われる一般的な色紙です。

Each origami picture in this book is made on a sheet named *oshikishi* of the size (27cm × 24cm).

24cm
27cm

新作家シリーズ3

折り始める前に

Please learn the symbols and the basic folds.

折り方の記号 SYMBOLS

折り紙を折る前に記号をおぼえましょう

谷折り — VALLEY FOLD

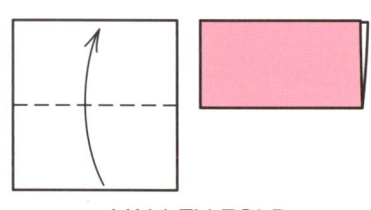

折りすじをつける — FOLD AND UNFOLD TO CREASE

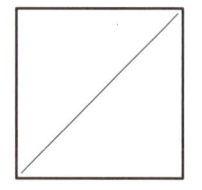

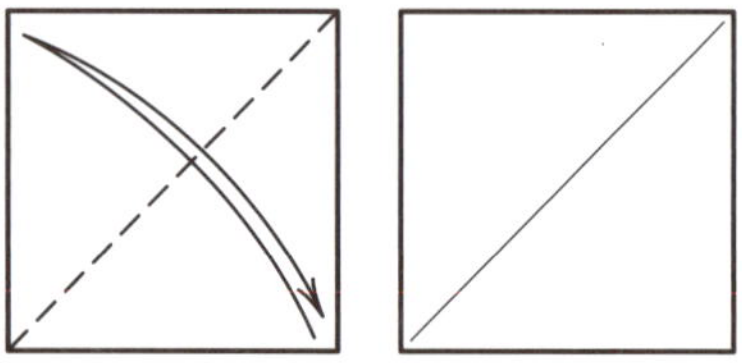

仮想線（かくれているところや次の形などをあらわす） — IMAGINARY LINE

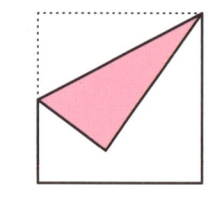

山折り — MOUNTAIN FOLD

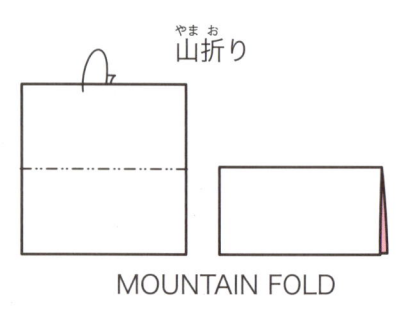

まくように折る — FOLD OVER AND OVER

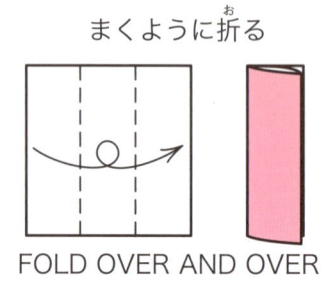

切りこみをいれる — CUT

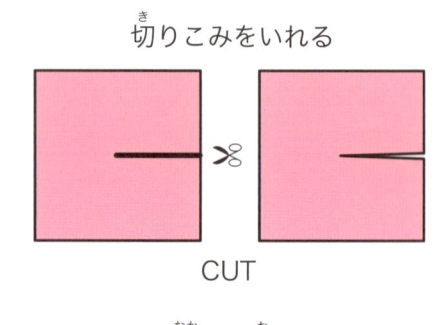

段折り — PLEAT

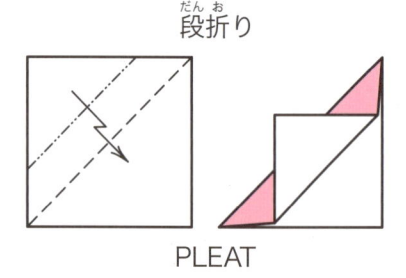

うらがえす（天地はかわりません） — TURN THE MODEL OVER

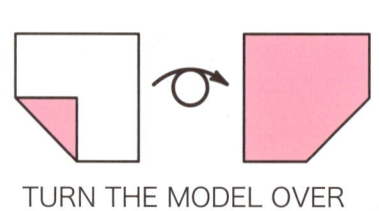

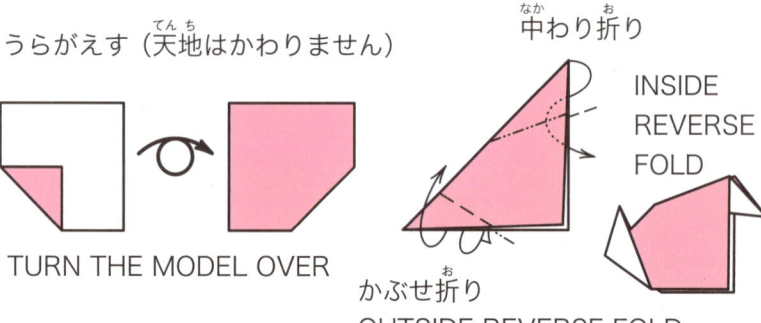

中わり折り — INSIDE REVERSE FOLD

かぶせ折り — OUTSIDE REVERSE FOLD

図を拡大する — ENLARGE

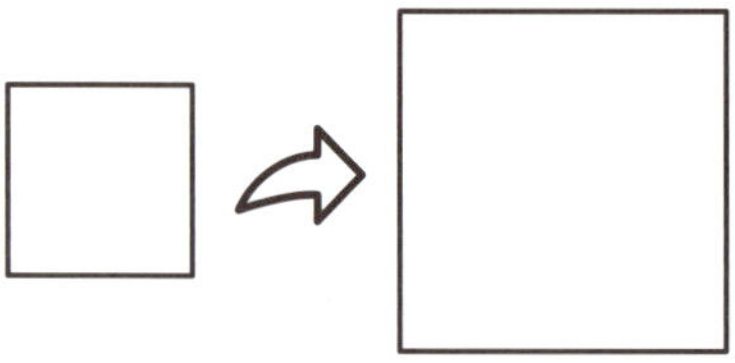

図を縮小する — REDUCE

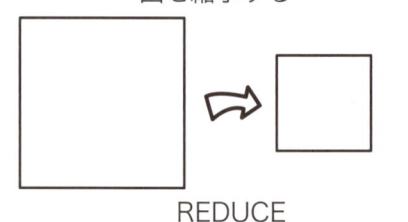

位置の転換 — TURN THE MODEL

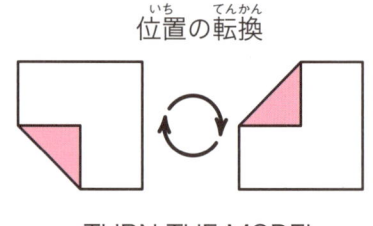

おもてに折る — FOLD IN FRONT

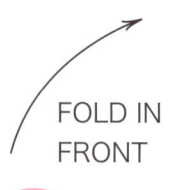

うしろに折る — FOLD BEHIND

さしこむ・引き出す — INSERT・PULL OUT

開く — OPEN

つぶす / 押しこむ — SQUASH PUSH IN

ふくらます — BLOW UP

新作家シリーズ3

この本では、ここに出ている基本形が使われています

基本形　BASIC FOLD

かんのん基本形　Door Base

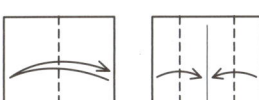

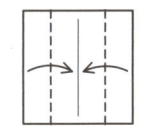

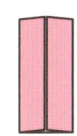

たこの基本形
Kite Base

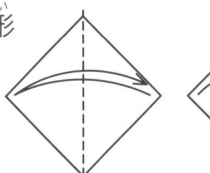

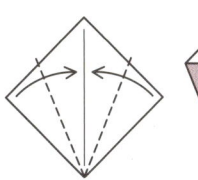

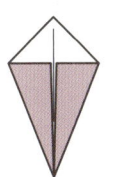

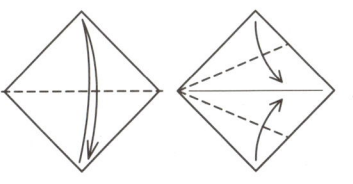

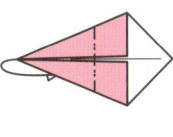

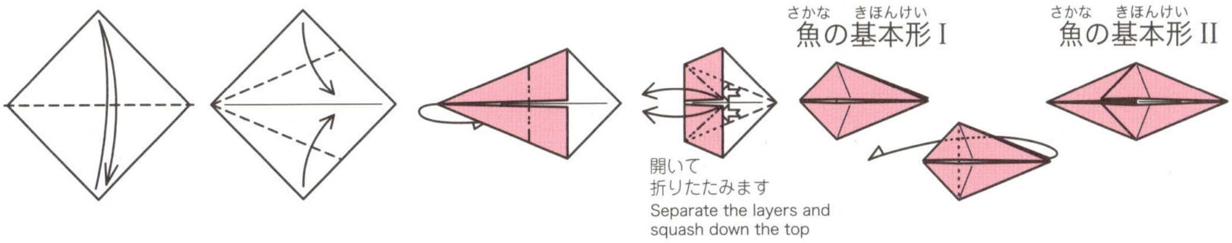

ざぶとん基本形　Blintz Base

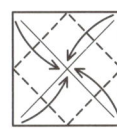

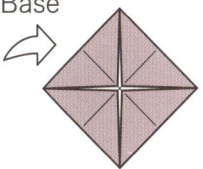

魚の基本形
Fish Base

開いて折りたたみます
Separate the layers and squash down the top

魚の基本形Ⅰ　魚の基本形Ⅱ

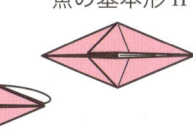

風船基本形
Waterbomb Base

開いて折りたたみます
Separate the layers and squash down the top

開いて折りたたみます
Separate the layers and squash down the top

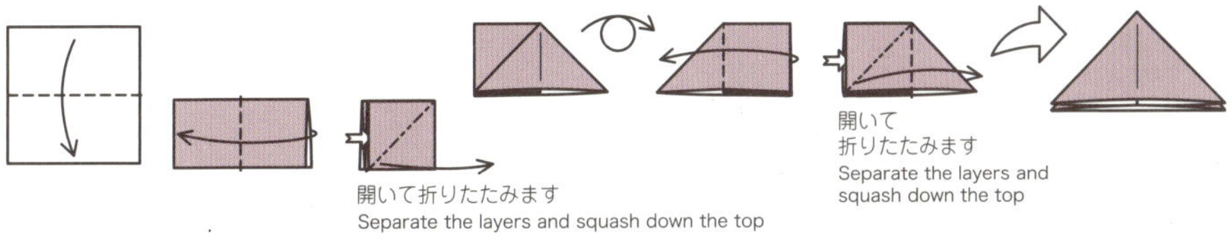

正方基本形
Square Base
(Preliminary Base)

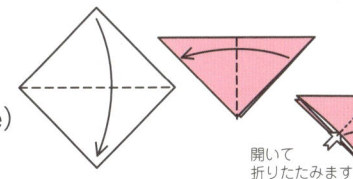

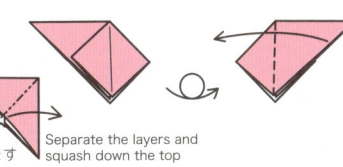

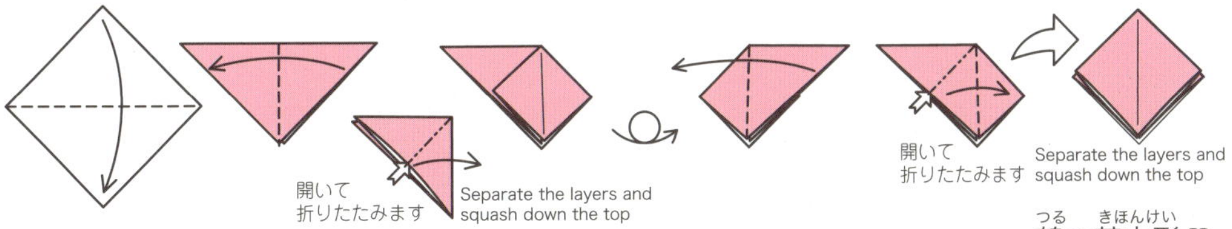

開いて折りたたみます
Separate the layers and squash down the top

開いて折りたたみます
Separate the layers and squash down the top

鶴の基本形　Bird Base

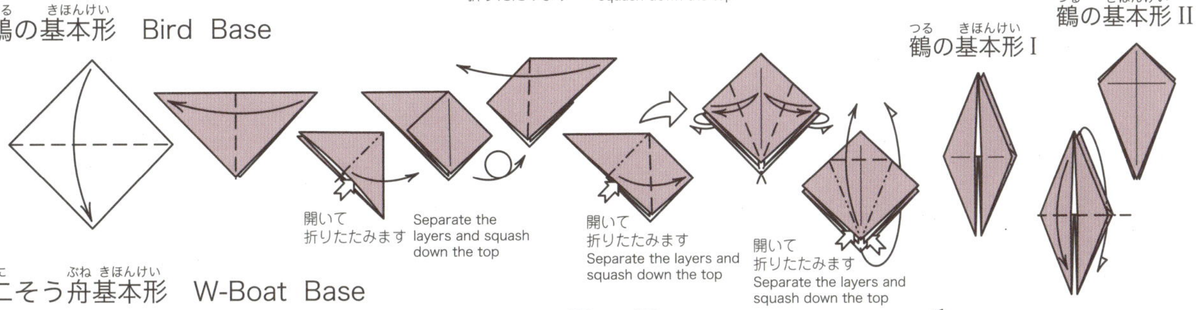

開いて折りたたみます
Separate the layers and squash down the top

開いて折りたたみます
Separate the layers and squash down the top

開いて折りたたみます
Separate the layers and squash down the top

鶴の基本形Ⅰ　鶴の基本形Ⅱ

二そう舟基本形　W-Boat Base

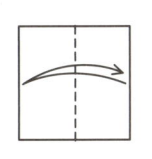

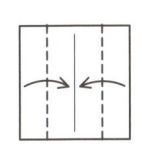

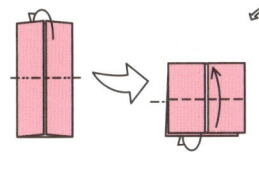

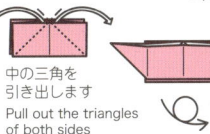

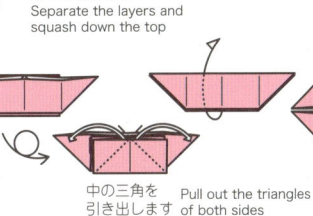

中の三角を引き出します
Pull out the triangles of both sides

中の三角を引き出します
Pull out the triangles of both sides

かえるの基本形　Frog Base

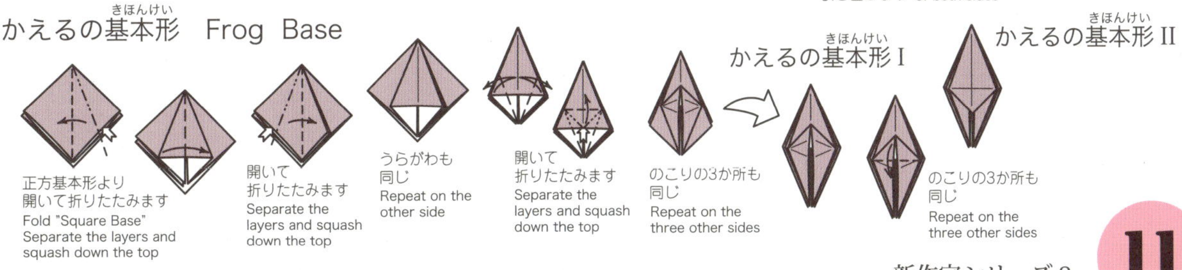

正方基本形より開いて折りたたみます
Fold "Square Base" Separate the layers and squash down the top

開いて折りたたみます
Separate the layers and squash down the top

うらがわも同じ
Repeat on the other side

開いて折りたたみます
Separate the layers and squash down the top

のこりの3か所も同じ
Repeat on the three other sides

かえるの基本形Ⅰ　かえるの基本形Ⅱ

のこりの3か所も同じ
Repeat on the three other sides

新作家シリーズ3

11

Playing origami
折紙あそび

（月刊おりがみ 362 号掲載）

使用する紙の大きさと枚数
Size and Number of sheets

＜女の子＞Girl
　頭 Head…15cm×15cm(1枚)
　体 Body…15cm×15cm(1枚)
　手 Hand…2.5cm×2.5cm(2枚)
　帯 Band…3cm×4.5cm(1枚)

＜鳥居（とりい）＞Torii
　本体 Body…7cm×7cm(1枚)
　貫（ぬき） Nuki…7cm×7cm(1枚)

＜海＞Sea
　6cm×11cm(1枚)

＜虚無僧、鯛の尾、帆かけ舟、二艘舟、風ぐるま、お狐さん＞
　Traditional models
　本体 Body…7cm×7cm(6枚)
　尺八 Shakuhachi…2cm×1.2cm(1枚)
　棒 Stick…7cm×1.5cm(1枚)

※他に
　すべて開いたもの
　Unfold the face of fox
　…7cm×7cm(1枚)
　2つ折りして三角にしたもの
　Fold into a triangle
　…7cm×7cm(1枚)

金子みすゞさんの詩を折ったものです。女の子の頭は体の割には大きくして幼さを、また大きくかしげることであどけなさを表現しました。きものは線や○印に注意して折ってください。人物はあとで紹介する「お正月」と同じです。私の好きな作品です。ぜひ折ってみてください。伝承折り紙と詩の素晴らしさが実感できることでしょう。

（作者）

I made this origami picture with my image of the poem by Ms.Misuzu Kaneko. This is my favorite work. Please make this picture, so you will enjoy both this nice poem and the traditional origami models.

新作家シリーズ3

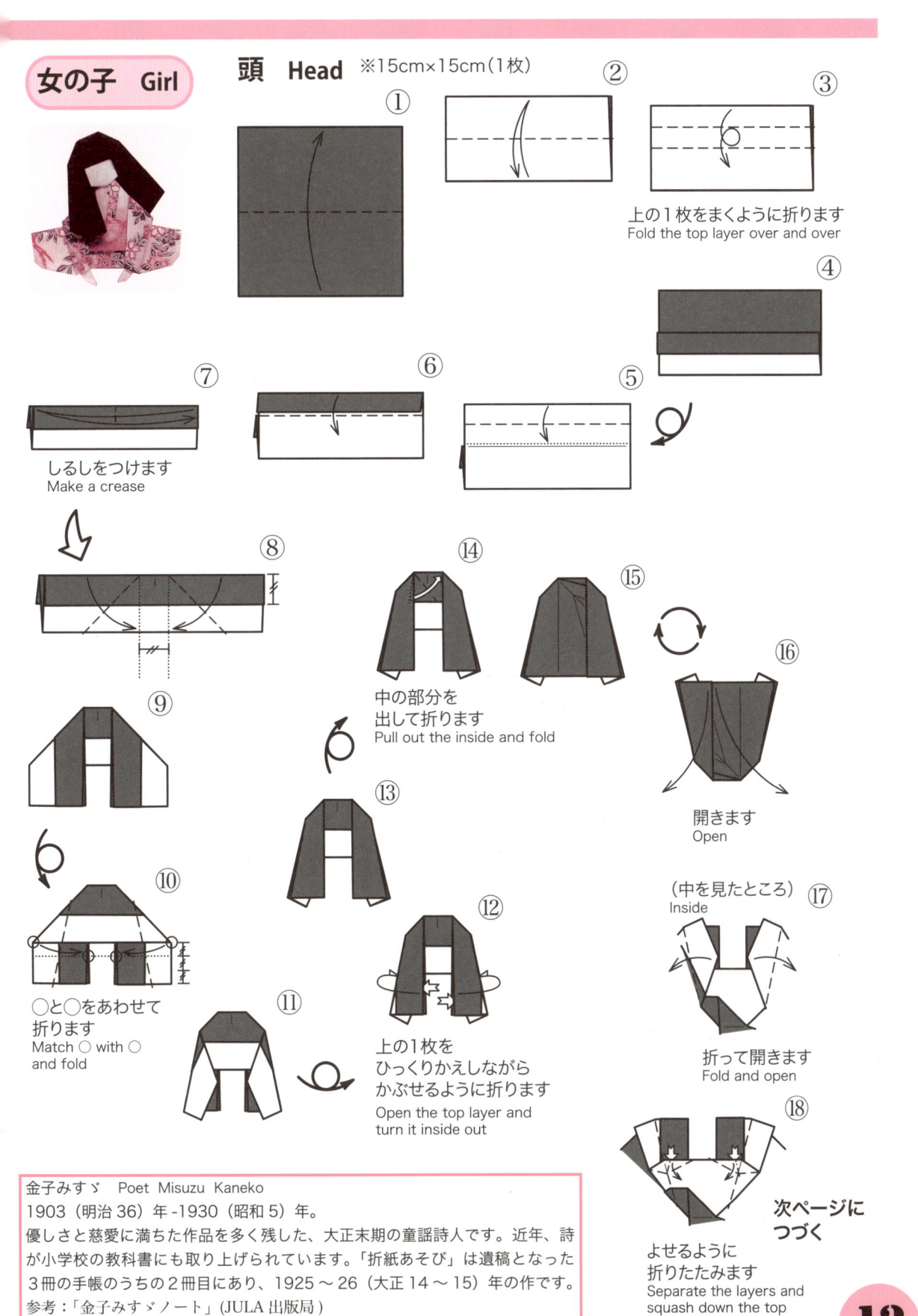

| 女の子 Girl | 頭 Head ※15cm×15cm(1枚) |

① ② ③
上の1枚をまくように折ります
Fold the top layer over and over

④ ⑤ ⑥ ⑦
しるしをつけます
Make a crease

⑧ ⑨
⑩ ○と○をあわせて折ります
Match ○ with ○ and fold

⑪ ⑫ 上の1枚をひっくりかえしながらかぶせるように折ります
Open the top layer and turn it inside out

⑬ ⑭ 中の部分を出して折ります
Pull out the inside and fold

⑮ ⑯ 開きます
Open

⑰ (中を見たところ) Inside
折って開きます
Fold and open

⑱ よせるように折りたたみます
Separate the layers and squash down the top

次ページにつづく

金子みすゞ　Poet Misuzu Kaneko
1903（明治36）年-1930（昭和5）年。
優しさと慈愛に満ちた作品を多く残した、大正末期の童謡詩人です。近年、詩が小学校の教科書にも取り上げられています。「折紙あそび」は遺稿となった3冊の手帳のうちの2冊目にあり、1925～26（大正14～15）年の作です。
参考：「金子みすゞノート」(JULA出版局)

新作家シリーズ3

13

体 Body ※15cm×15cm(1枚)

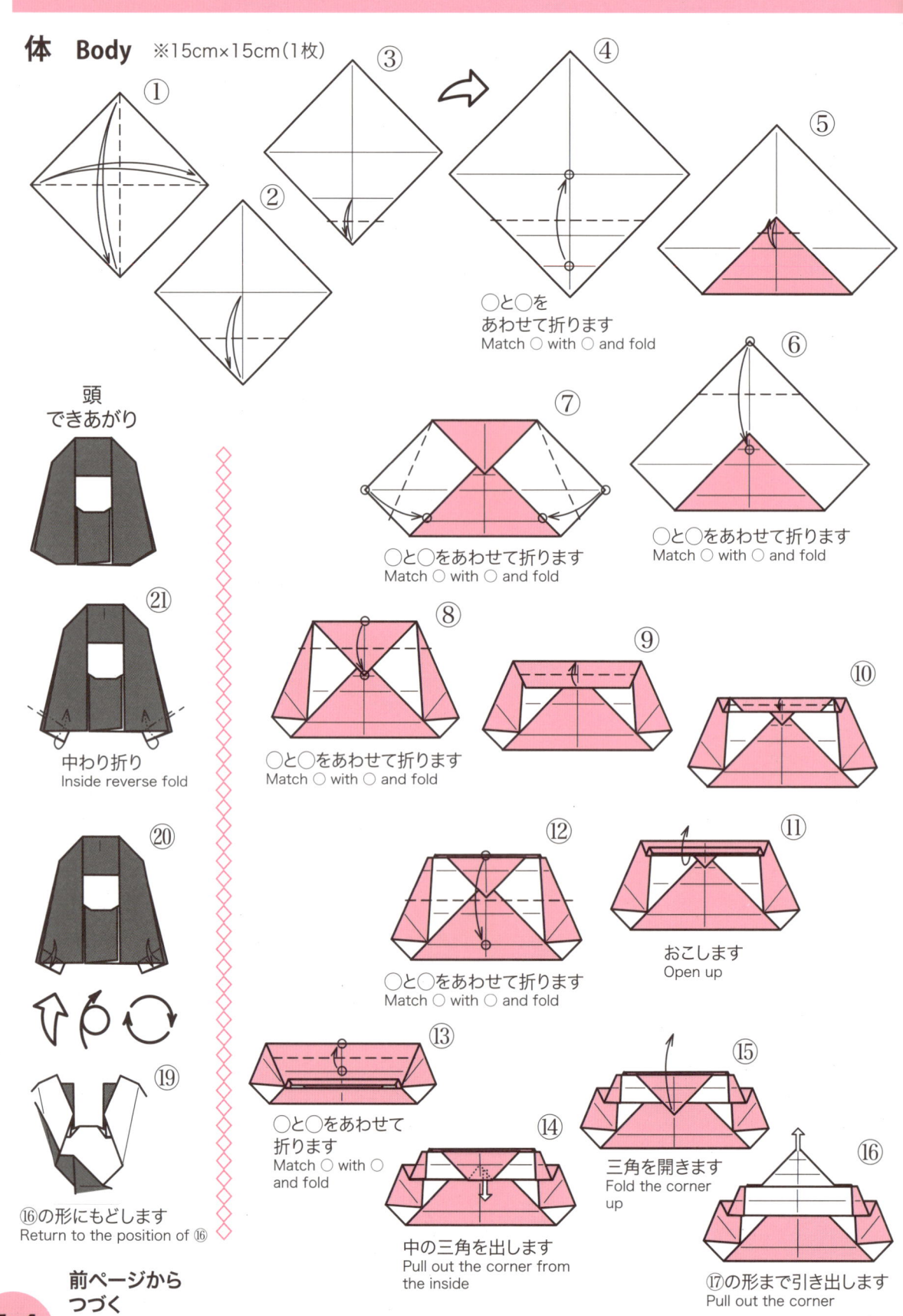

① ② ③ ④ ○と○を
あわせて折ります
Match ○ with ○ and fold

⑤

⑥ ○と○をあわせて折ります
Match ○ with ○ and fold

⑦ ○と○をあわせて折ります
Match ○ with ○ and fold

⑧ ○と○をあわせて折ります
Match ○ with ○ and fold

⑨

⑩

⑪ おこします
Open up

⑫ ○と○をあわせて折ります
Match ○ with ○ and fold

⑬ ○と○をあわせて折ります
Match ○ with ○ and fold

⑭ 中の三角を出します
Pull out the corner from the inside

⑮ 三角を開きます
Fold the corner up

⑯ ⑰の形まで引き出します
Pull out the corner

頭 できあがり

㉑ 中わり折り
Inside reverse fold

⑳

⑲ ⑯の形にもどします
Return to the position of ⑯

**前ページから
つづく**

14 新作家シリーズ3

手 Hands ※2.5cm×2.5cm（2枚）

❶ ❷ ❸

❻ 引き出します
Pull out and squash down

❺ ❹ 段折り Pleat

手 できあがり
もう1こ作ります
Fold another one

帯 Band ※3cm×4.5cm（1枚）

① 2.2cm
少し折ります
Fold a little

帯 できあがり

次ページにつづく

体 できあがり

㉔
はんたいがわも
㉑〜㉓と同じように折って
㉑の形にもどします
Repeat the steps ㉑-㉓ on the other side and return to the position of ㉑

㉕
一番うちがわのえりを
引き出して㉖の形にします
Pull out the inside so that it looks like the collar in ㉖

㉕
（中を見たところ）
Inside

㉗

㉖
段折り
Pleat

㉓
開いて
折りたたみます
Open up from the inside
and squash down

㉒
（部分図）
The right side

㉑
開きます
Open

⑳
ずらすように
引き出して折ります
Pull out and squash down

⑰
段折り
Pleat

⑱
○と○をあわせて折ります
Match ○ with ○ and fold

⑲
○と○をあわせて折ります
Match ○ with ○ and fold

新作家シリーズ3

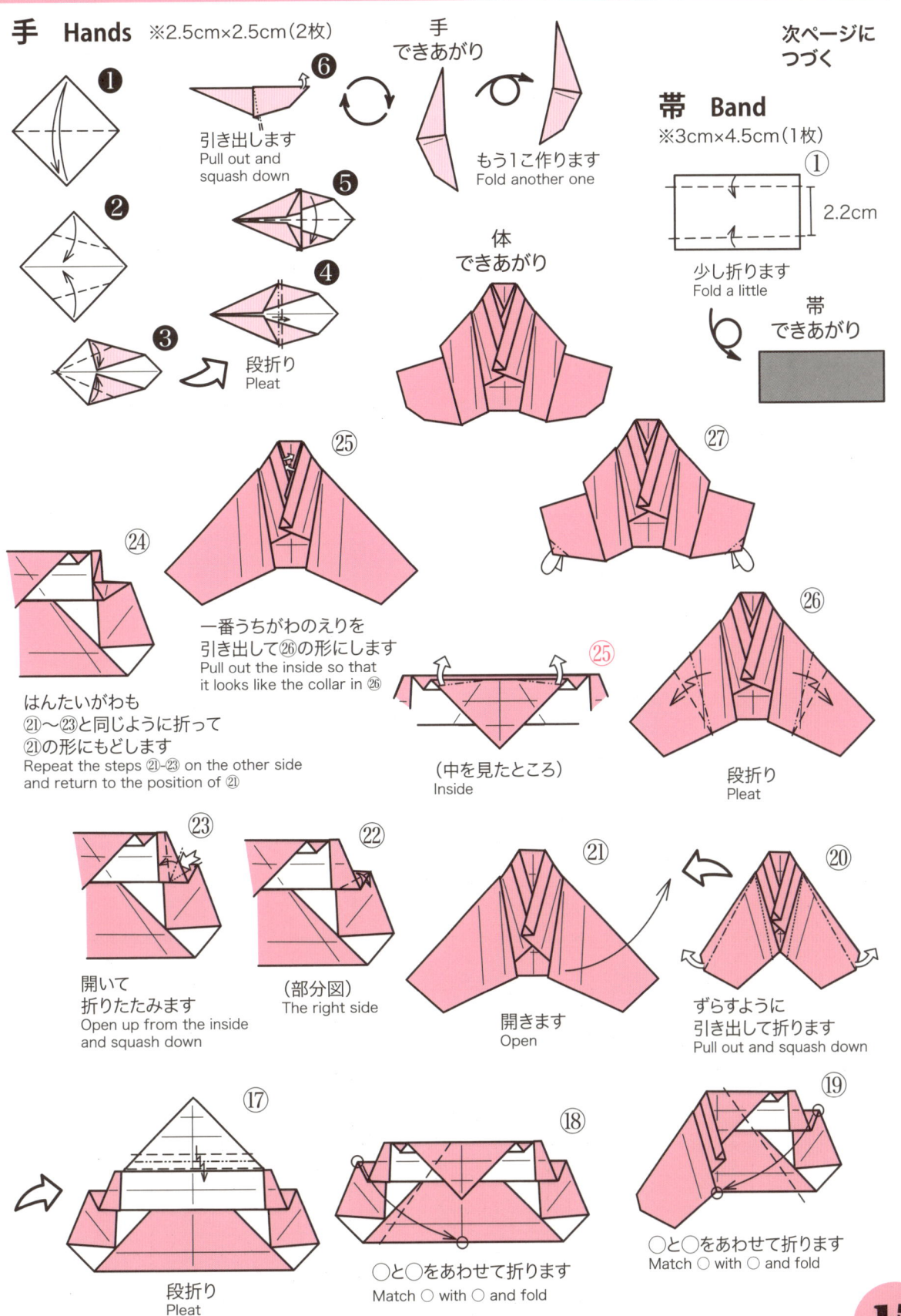

15

前ページから
つづく

●くみあわせかた●

できあがり

帯をさしこんでのりづけします
Insert the band into the body and glue

ぬき
貫 Nuki
※7cm×7cm（1枚）

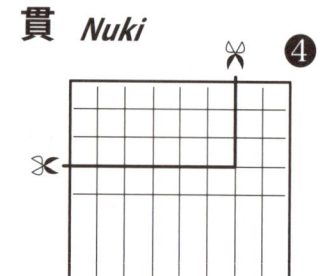

切り取ります
Cut off

さしこんでのりづけします
Insert and glue

とりい
鳥居 Torii

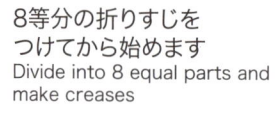

本体 Body
※7cm×7cm（1枚）

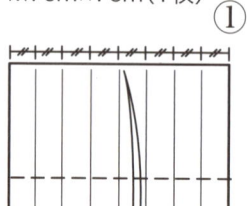

8等分の折りすじを
つけてから始めます
Divide into 8 equal parts and
make creases

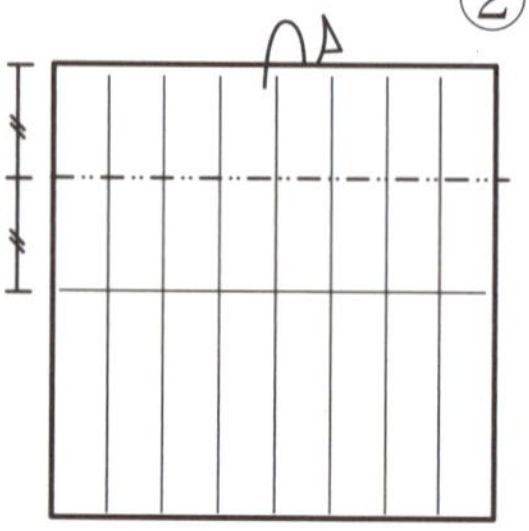

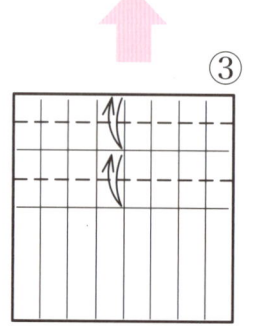

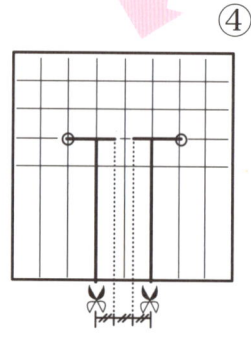

切りこみを入れます
（○のところは
たてのすじより
少し出します）Make cuts

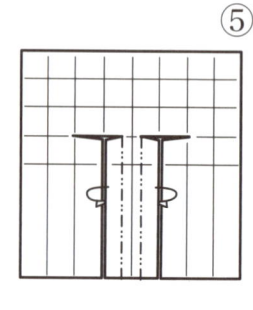

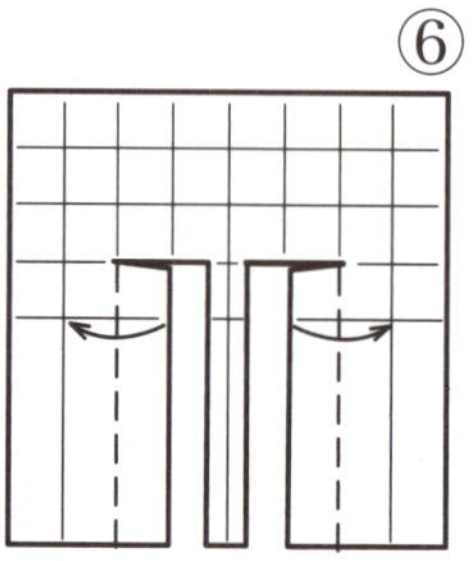

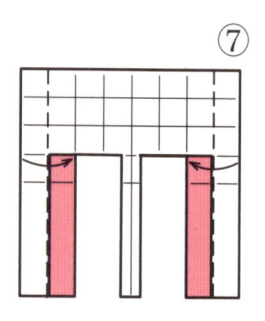

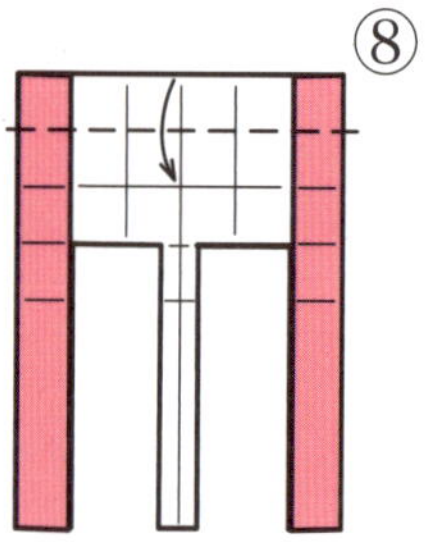

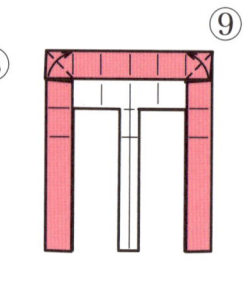

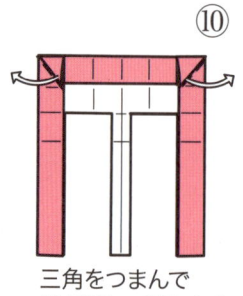

三角をつまんで
引き出して折ります
Pull out the corners
and fold

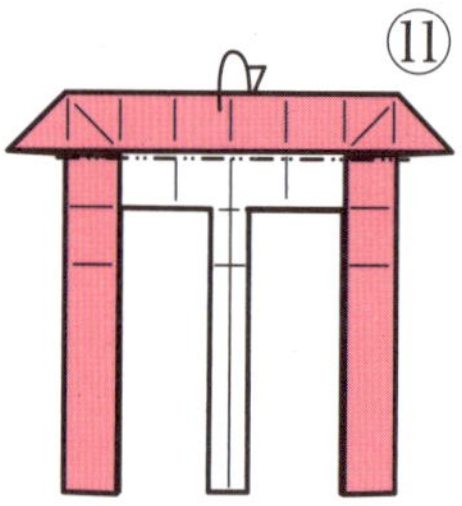

16 新作家シリーズ3

❺

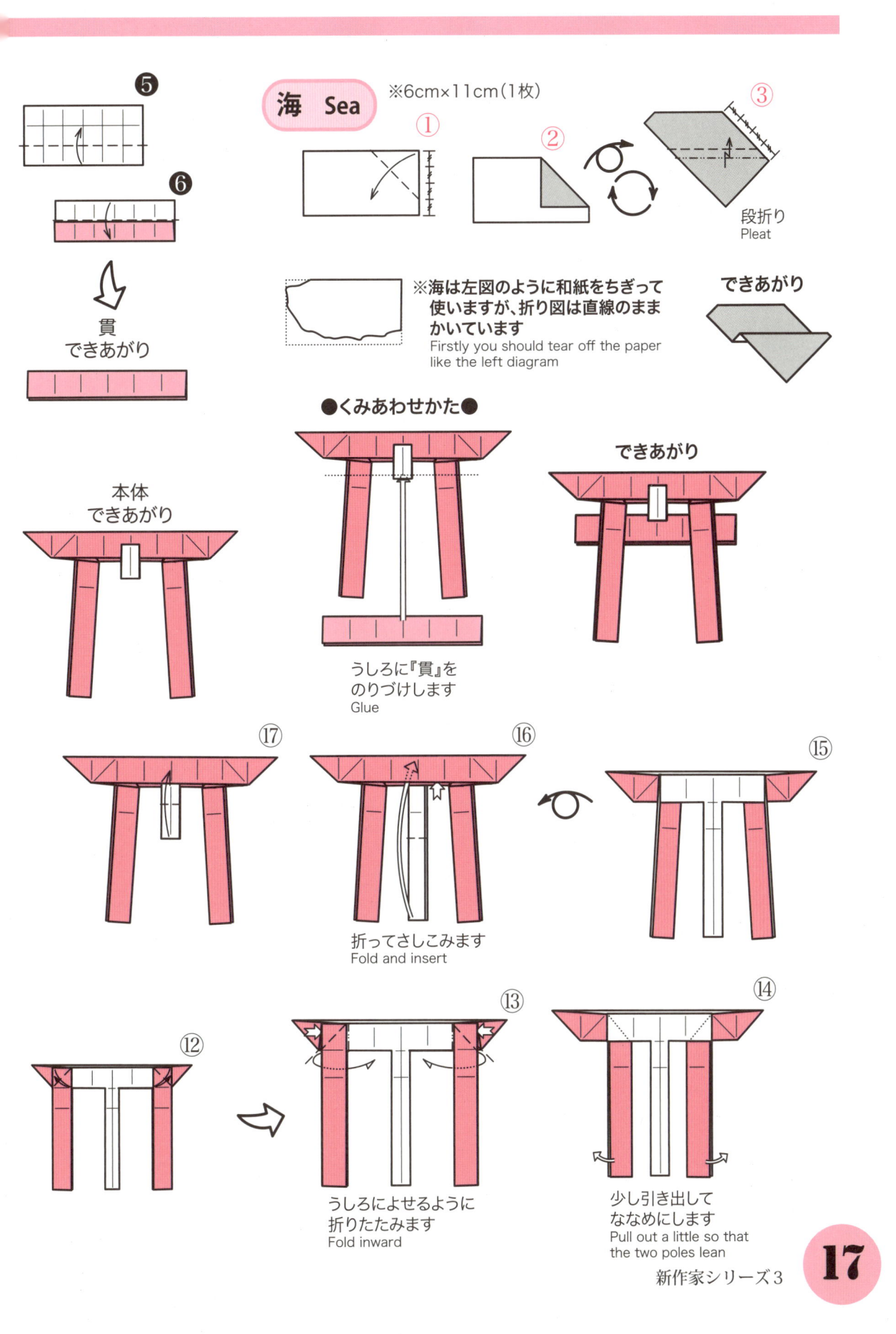

❻

貫
できあがり

海 Sea　※6cm×11cm(1枚)

① ② ③ 段折り Pleat

※海は左図のように和紙をちぎって使いますが、折り図は直線のままかいています
Firstly you should tear off the paper like the left diagram

できあがり

●くみあわせかた●

本体
できあがり

うしろに『貫』をのりづけします
Glue

できあがり

⑰ ⑯ ⑮

折ってさしこみます
Fold and insert

⑫ ⑬ ⑭

うしろによせるように折りたたみます
Fold inward

少し引き出してななめにします
Pull out a little so that the two poles lean

17

新作家シリーズ3

虚無僧→鯛の尾→帆かけ舟→二艘舟→風ぐるま→お狐さん（伝承）
Komuso・Tail of sea bream・Sail boat・Boat・Windmill・Face of fox (Traditional model)

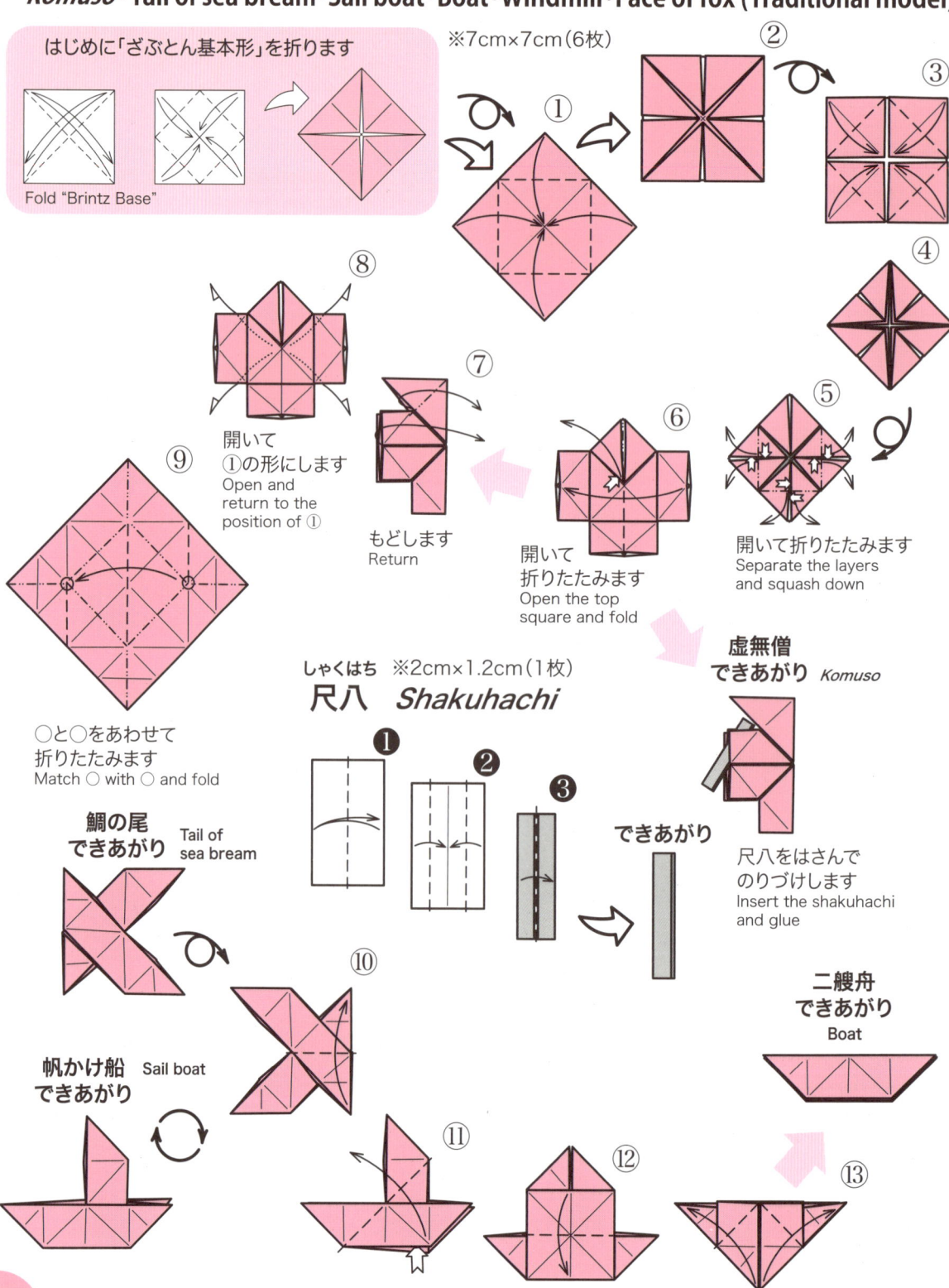

※7cm×7cm（6枚）

はじめに「ざぶとん基本形」を折ります
Fold "Brintz Base"

① ② ③ ④ ⑤ 開いて折りたたみます / Separate the layers and squash down

⑥ 開いて折りたたみます / Open the top square and fold

⑦ もどします / Return

⑧ 開いて①の形にします / Open and return to the position of ①

⑨ ○と○をあわせて折りたたみます / Match ○ with ○ and fold

虚無僧 できあがり / Komuso
尺八をはさんでのりづけします / Insert the shakuhachi and glue

尺八 Shakuhachi ※2cm×1.2cm（1枚）

❶ ❷ ❸ できあがり

鯛の尾 できあがり / Tail of sea bream

⑩

帆かけ船 できあがり / Sail boat

⑪ ⑫ ⑬

二艘舟 できあがり / Boat

18　新作家シリーズ3

折紙あそび　金子みすゞ

あかい、四角な、色紙よ、
これで手品をつかいましょ。

まず私（わたし）の十（とお）のゆびさきで、
生まれます、虚無僧（こむそう）が。

みるまに化（ば）けります、鯛（たい）の尾に、
ほらほら、ぴちぴちはねてます。

鯛もうかべば帆（ほ）かけ舟、
舟は帆かけてどこへゆく。

その帆おろせば二艘（そう）舟、
世界のはてまで二艘づれ。

またもかわれば風ぐるま、
ふっと吹きましょ、まわしましょ。

まだも変わってお狐（きつね）さん、
コンコン、こんどはなんに化きょ。

そこで化けります、紙きれに、
もとの四角な色紙に。

なんてふしぎな紙でしょう、
なんて上手な手品でしょう。

③「金子みすゞ童話全集」（JULA出版局）
「空のかあさま・上」より

すべて開いたもの
Unfolding
※7cm×7cm（1枚）

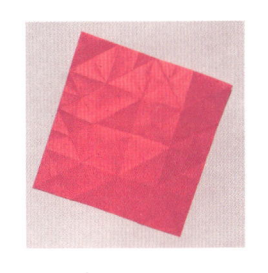

2つ折りして三角にしたもの
Folding into a triangle
※7cm×7cm（1枚）

お狐さんできあがり
Face of fox

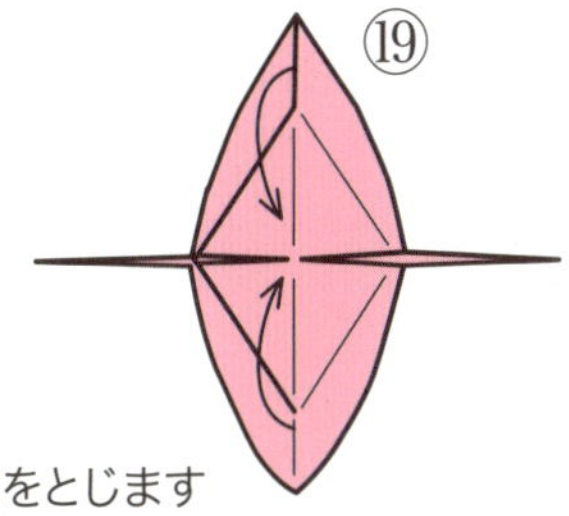

⑲

口をとじます
Bring the corners together

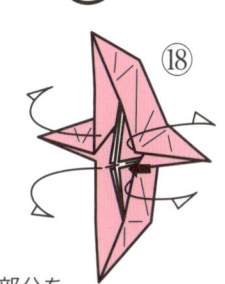

⑱

中の部分をよせながら開きます
Open and fold the inside

⑰

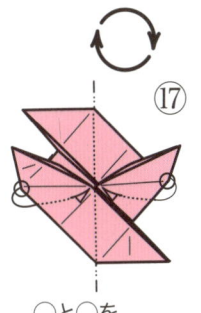

○と○をせなかであわせます
Match ○ with ○ backward

風ぐるまできあがり
Windmill

7cm×1.5cmの紙で尺八と同じように折った棒をのりづけします
Fold the stick like *shakuhachi* by a sheet of paper of 7cm×1.5cm and glue

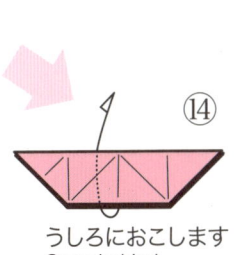

⑭
うしろにおこします
Open behind

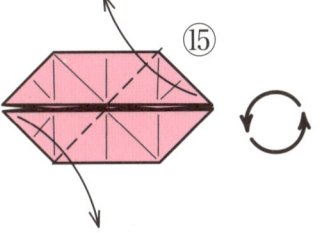

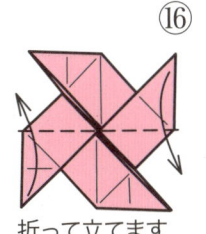

⑮

⑯
折って立てます
Fold and lift

新作家シリーズ3

19

New Year
お正月

1月　In January

（月刊おりがみ281号掲載）

使用する紙の大きさと枚数
Size and Number of sheets

＜女の子＞ Girl
　頭 Head
　…15cm×15cm（1枚）
　体 Body
　…15cm×15cm（1枚）
　手 Hand
　…2.5cm×2.5cm（2枚）
　帯 Band
　…3cm×4.5cm（1枚）

＜鏡餅（かがみもち）＞
Rice-cake offering
　餅 Rice cakes
　…7.5cm×7.5cm（1枚）
　だいだい Orange
　…3cm×3cm（1枚）
　三方 Wooden stand
　…10.5cm×10.5cm（1枚）

新年のご挨拶を色紙作品にしました。
女の子の頭は体の割には大きくして幼さを、また大きくかしげることであどけなさを表現しました。きものは、折り線や〇印に注意して折ってください。だいだいは、2枚を貼り合わせたり（両面折り紙でも可）、染め和紙を使ったりして、実と葉の色分けをしてください。三方の⓫からのたたみ直しがあまり易しくありませんので、難しい方は❿を表に返して完成にしてください。なお、石川県では紅白の鏡餅を飾りますので、そのようにしました。　　　　　　　　（作者）

A girl in *kimono* is greeting by saying "*Akemashite omedetou gozaimasu*" on New Year's Day. This girl is almost the same of the girl on page 13-16. Please use the paper with the double sided different colors or the dyed Japanese paper and change the color between the part of the fruit and the part of the leaves. If it is difficult for you to fold in the steps ⓫ - ⓮ of *Sanbo*, you will be able to turn over and complete the model after folding the step ❾. Besides, in *Ishikawa* prefecture, we offer a pair of red and white rice-cakes.

新作家シリーズ3

女の子　Girl

体　Body　※15cm×15cm（1枚）

14～15ページの「体」の㉖まで折ってから始めます
Begin with Step ㉖ on page 14-15

頭　Head
※15cm×15cm（1枚）

13～14ページの「頭」と同じ
You should fold the head on page 13-14

帯　Band　※3cm×4.5cm（1枚）

2.2cm

少し折ります
Fold a little

帯できあがり

手　Hand
※2.5cm×2.5cm（2枚）

15ページの「手」と同じ
You should fold the hands on page 15

体できあがり

●くみあわせかた●
Assembly

さしこんでのりづけします
Insert and glue

できあがり

帯をさしこんでのりづけします
Insert the band and glue

鏡餅　Rice-cake offering

餅　Rice cakes
※7.5cm×7.5cm（1枚）

① しるしをつけます
Make a crease

②　③　④　⑤

次ページにつづく

⑥

新作家シリーズ3

だいだい　Orange　※3cm×3cm（1枚）

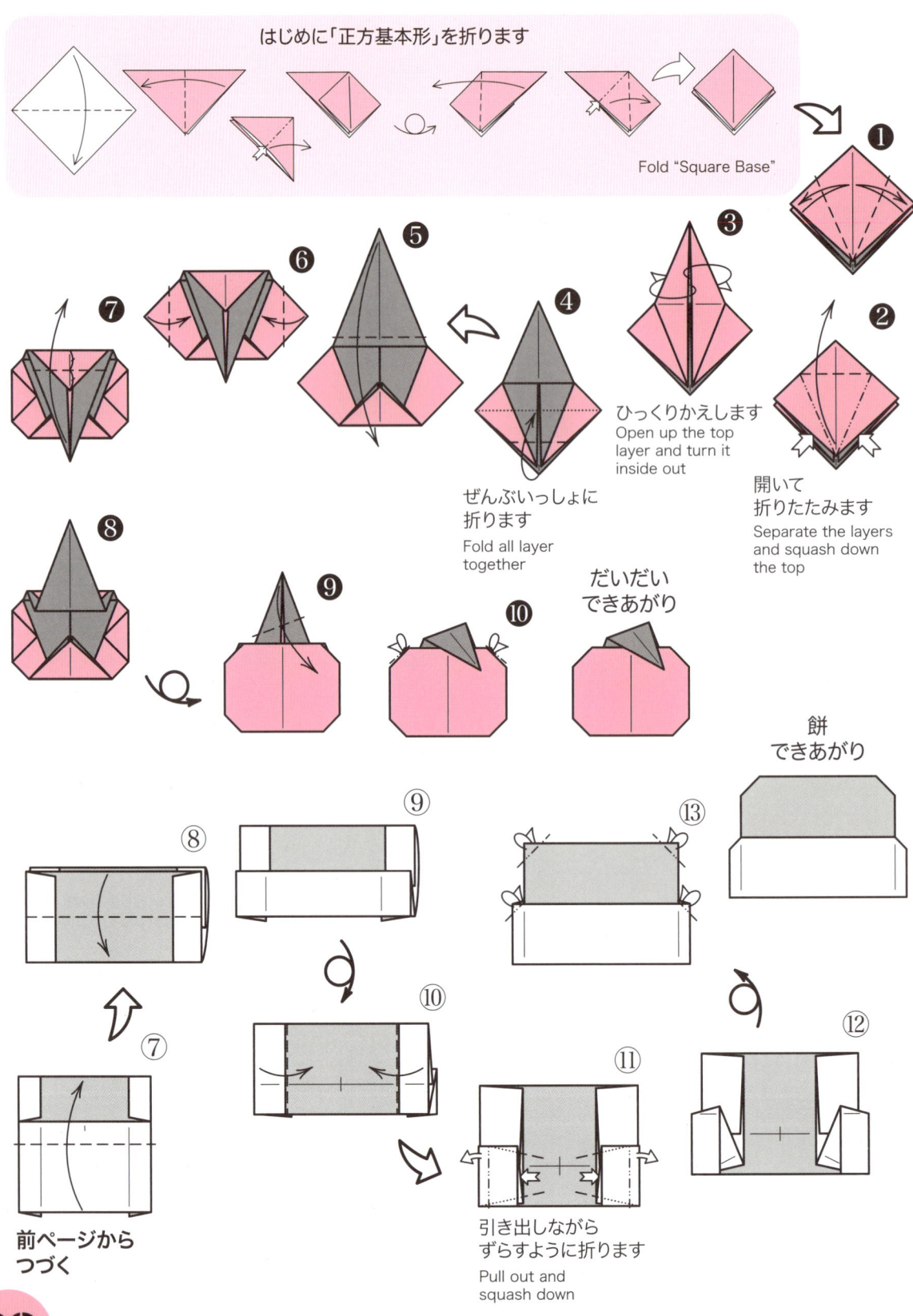

はじめに「正方基本形」を折ります

Fold "Square Base"

❷ 開いて
折りたたみます
Separate the layers and squash down the top

❹ ひっくりかえします
Open up the top layer and turn it inside out

ぜんぶいっしょに
折ります
Fold all layers together

だいだい
できあがり

⑦ 前ページから
つづく

引き出しながら
ずらすように折ります
Pull out and squash down

餅
できあがり

22　新作家シリーズ3

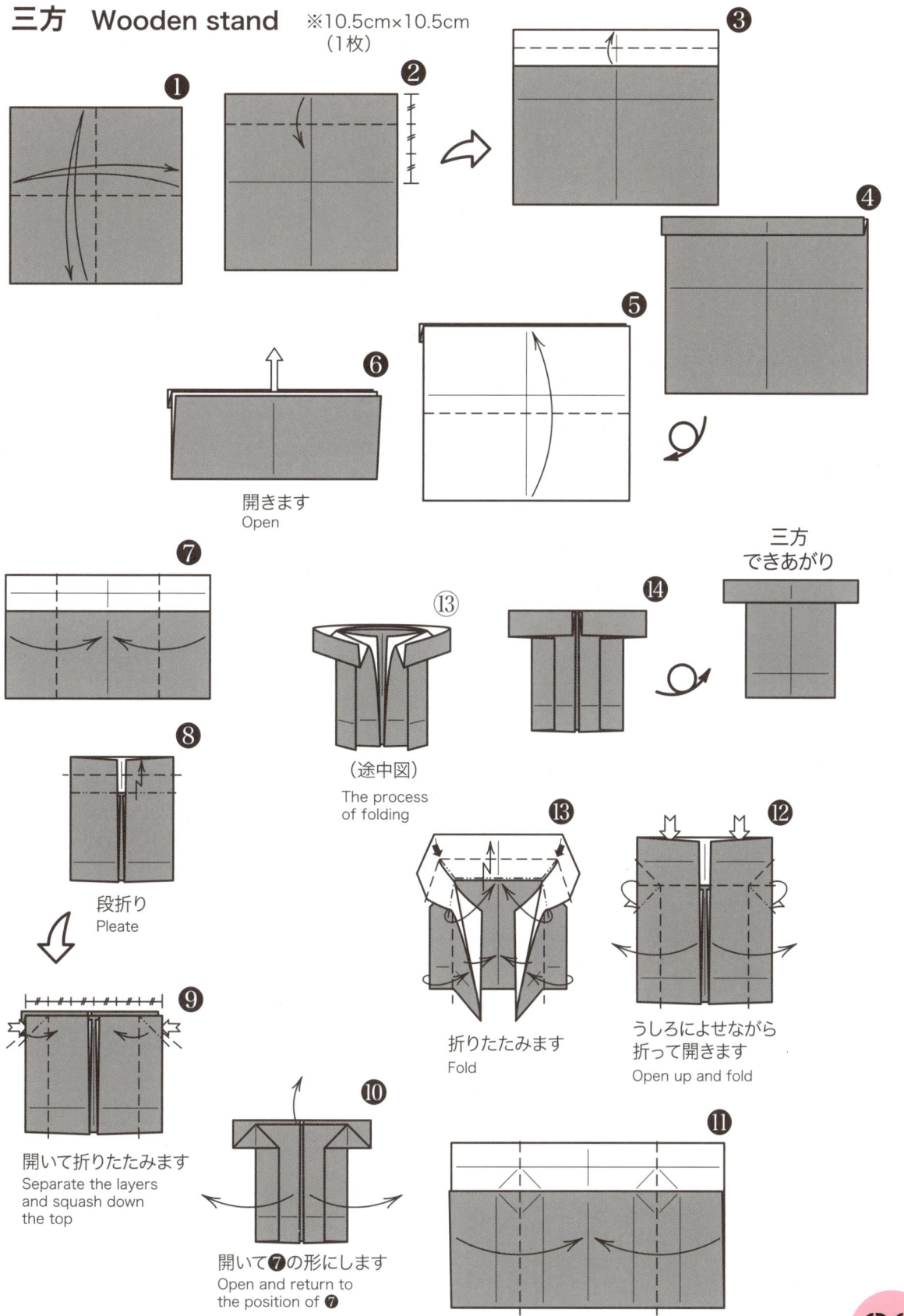

三方　Wooden stand　※10.5cm×10.5cm （1枚）

❶ ❷ ❸ ❹ ❺ ❻ 開きます Open

❼ ❽ 段折り Pleate

❾ 開いて折りたたみます Separate the layers and squash down the top

❿ 開いて❼の形にします Open and return to the position of ❼

⓫ ⓬ うしろによせながら折って開きます Open up and fold

⓭ 折りたたみます Fold

（途中図） The process of folding

⓮

三方 できあがり

新作家シリーズ3

23

Playing with snow
雪遊び

2月　In February

（月刊おりがみ282号掲載）

使用する紙の大きさと枚数
Size and Number of sheets

＜女の子＞ Girls
　上半身 Upper half
　　…15cm×15cm（1枚）
　　　12cm×12cm（1枚）
　下半身 Lower half
　　…14cm×14cm（1枚）
　　　11cm×11cm（1枚）
　頭 Head
　　…約5cm×5cm（1枚）
　　…約4cm×4cm（1枚）
＜雪だるま＞ Snow man
　雪だるま Snow man
　　…20cm×20cm（1枚）
　まゆ・口・目
　Eyebrows・Mouth・Eyes
　　…1cm×1cm（5枚）
＜雪＞ Snow
　16cm×26cm（1枚）

地球温暖化のせいでしょうか。私の住む金沢も雪が少なくなりましたが、石川県内では降雪量の多い白峰（しらみね）で、毎年、「雪だるままつり」が行われています。「雪遊び」は、空をむら染めの和紙で表現し、背景を作っています。白い紙をちぎって雪を降らせたり、うしろ向きの女の子を二人にして姉妹のようにしたり、構図を自由に変えてお楽しみください。上半身の⑮からは少し立体になりますので、手の中で折った方が折りやすいでしょう。　　　　　　　　　　（作者）

The grobal warming causes, doesn't it? Lately we seldom have heavy snow in *Kanazawa* city. But *Shiramine* village in *Ishikawa* prefecture is an area prominent for its heavy snow and the festival named "Snowman Week" is held every winter.

雪　Snow　※16cm×26cm（1枚）

5.5cm / 1cm / 5.5cm

9.5cm / 1cm / 3.5cm

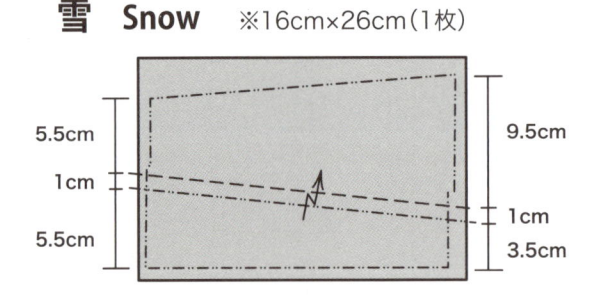

段折りしてから周囲を折って形をととのえます

Fold on all sides after making a pleat

新作家シリーズ3

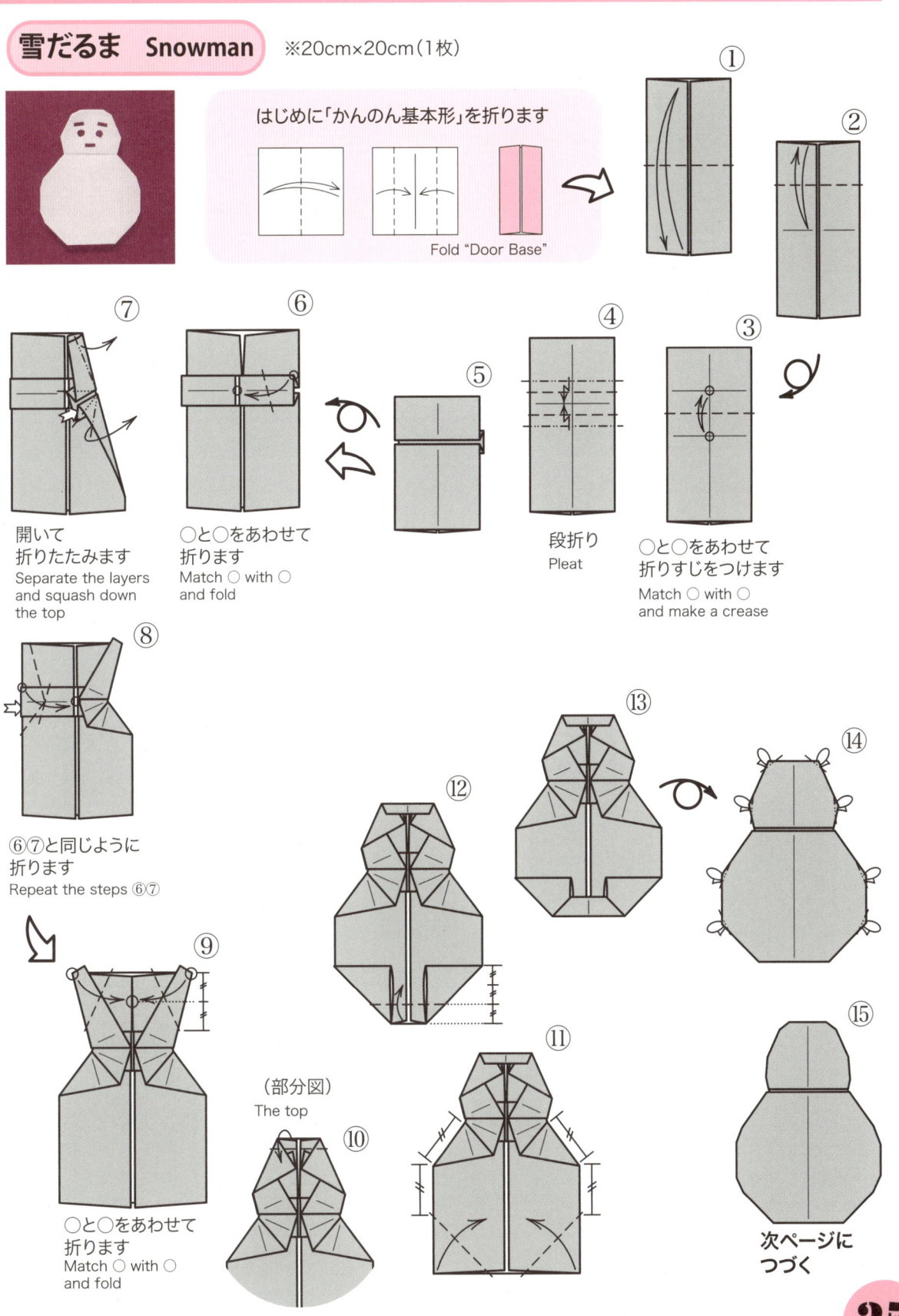

雪だるま　Snowman　※20cm×20cm（1枚）

はじめに「かんのん基本形」を折ります

Fold "Door Base"

① ② ③ ④ ⑤ ⑥

⑦
開いて
折りたたみます
Separate the layers
and squash down
the top

⑥○と○をあわせて
折ります
Match ○ with ○
and fold

④段折り
Pleat

③○と○をあわせて
折りすじをつけます
Match ○ with ○
and make a crease

⑧
⑥⑦と同じように
折ります
Repeat the steps ⑥⑦

⑨
○と○をあわせて
折ります
Match ○ with ○
and fold

⑩（部分図）
The top

⑪ ⑫ ⑬ ⑭ ⑮

次ページに
つづく

25

新作家シリーズ3

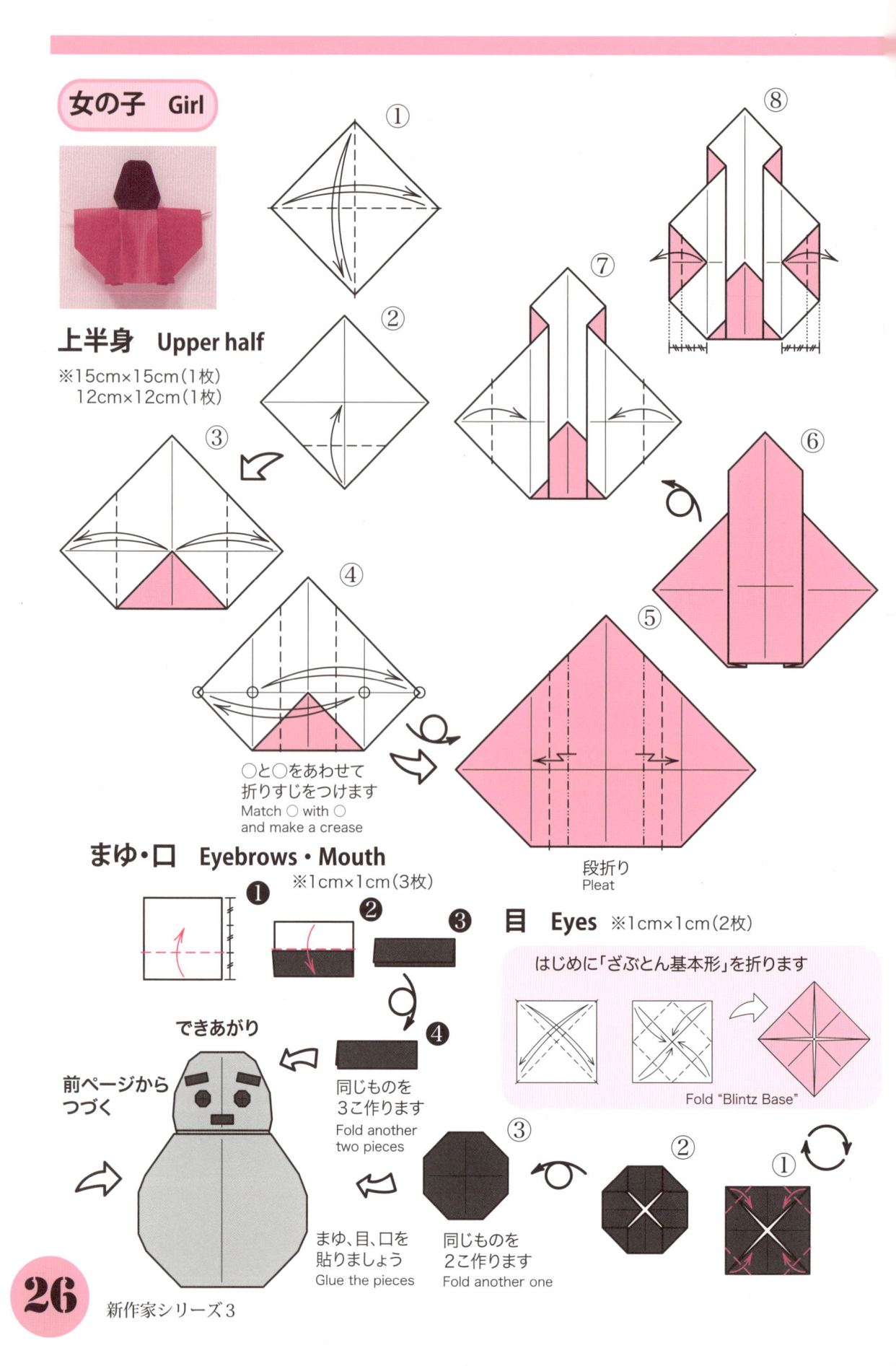

女の子　Girl

上半身　Upper half
※15cm×15cm（1枚）
　12cm×12cm（1枚）

○と○をあわせて折りすじをつけます
Match ○ with ○ and make a crease

段折り
Pleat

まゆ・口　Eyebrows・Mouth
※1cm×1cm（3枚）

同じものを3こ作ります
Fold another two pieces

できあがり
前ページからつづく

まゆ、目、口を貼りましょう
Glue the pieces

目　Eyes　※1cm×1cm（2枚）

はじめに「ざぶとん基本形」を折ります
Fold "Blintz Base"

同じものを2こ作ります
Fold another one

26　新作家シリーズ3

⑨

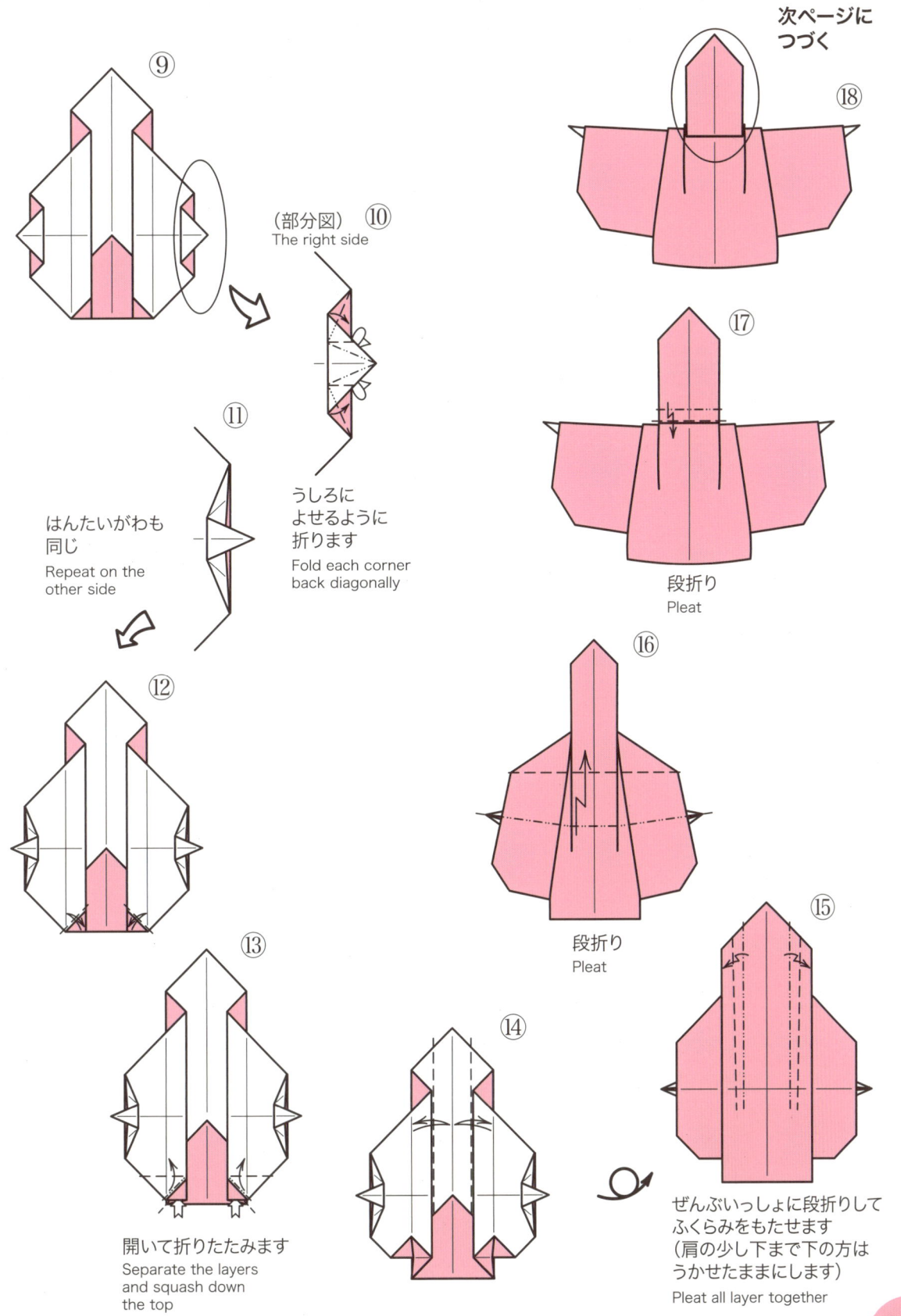

⑩ (部分図)
The right side

⑪
はんたいがわも
同じ
Repeat on the other side

うしろに
よせるように
折ります
Fold each corner back diagonally

⑫

⑬
開いて折りたたみます
Separate the layers and squash down the top

⑭

⑮
ぜんぶいっしょに段折りして
ふくらみをもたせます
(肩の少し下まで下の方は
うかせたままにします)
Pleat all layer together

⑯
段折り
Pleat

⑰
段折り
Pleat

⑱
次ページに
つづく

新作家シリーズ3

27

前ページから
つづく

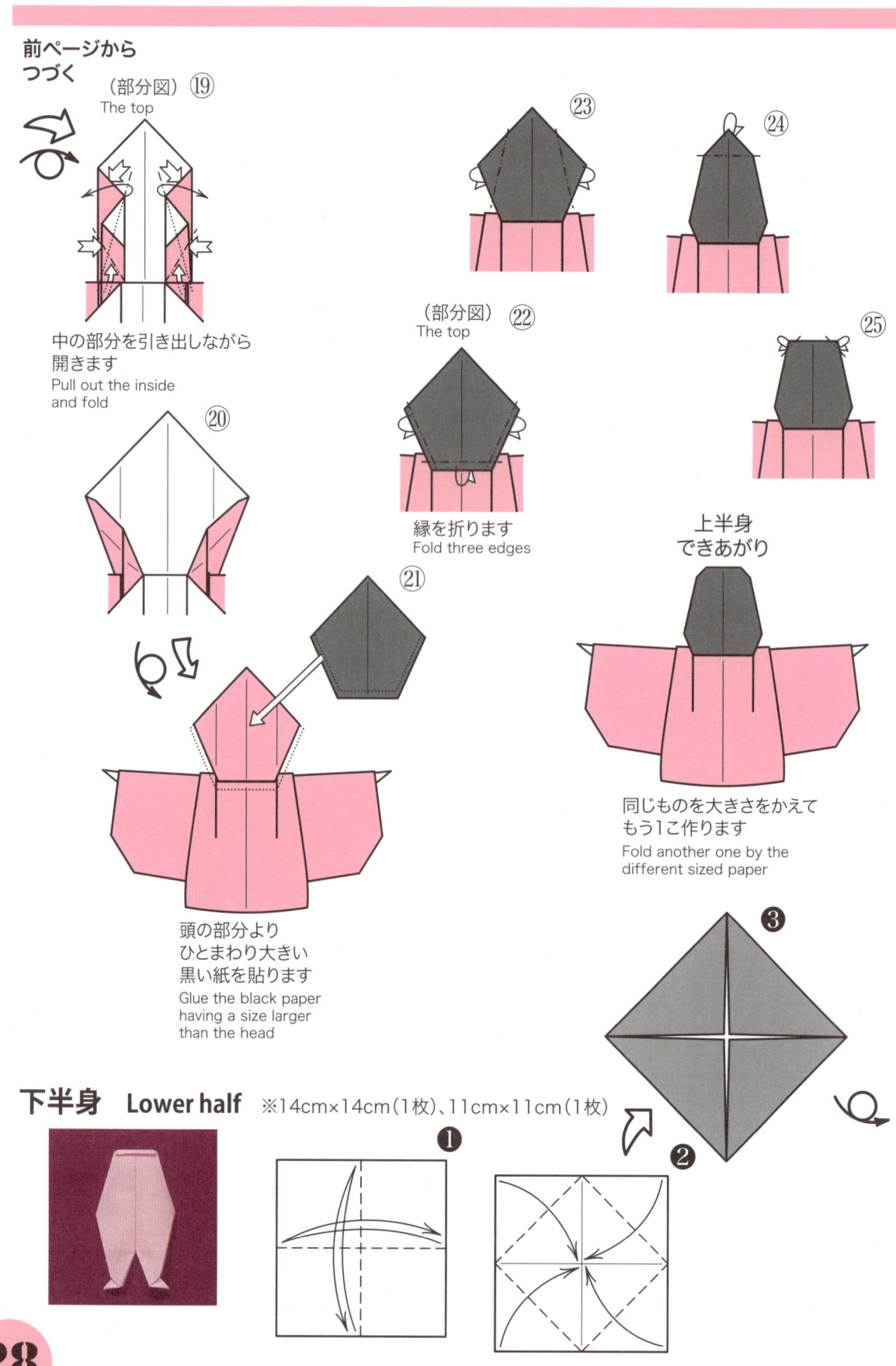

(部分図) ⑲
The top

中の部分を引き出しながら
開きます
Pull out the inside
and fold

⑳

㉑

頭の部分より
ひとまわり大きい
黒い紙を貼ります
Glue the black paper
having a size larger
than the head

(部分図) ㉒
The top

縁を折ります
Fold three edges

㉓

㉔

㉕

上半身
できあがり

同じものを大きさをかえて
もう1こ作ります
Fold another one by the
different sized paper

下半身 Lower half   ※14cm×14cm(1枚)、11cm×11cm(1枚)

❶ ❷ ❸

28 新作家シリーズ3

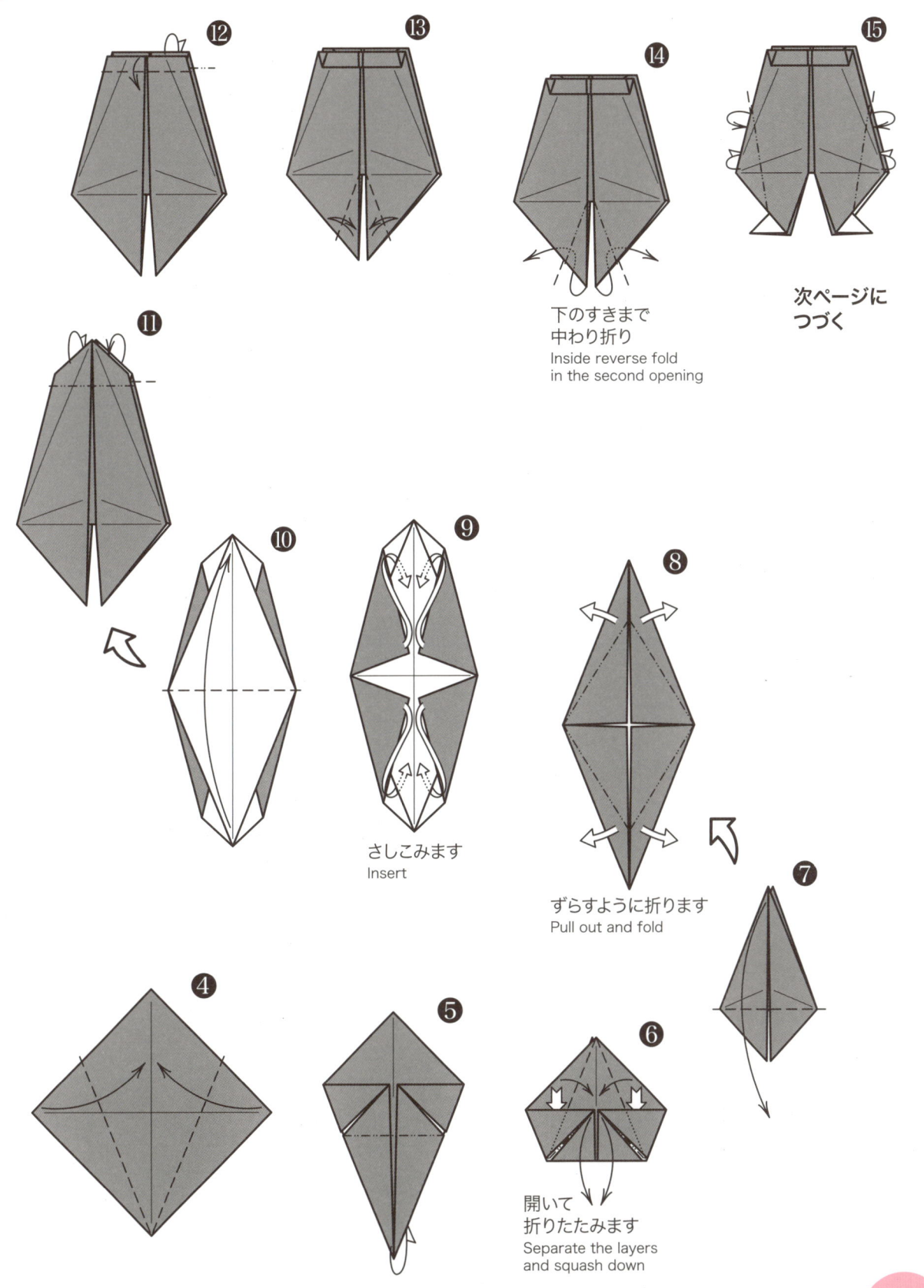

下のすきまで
中わり折り
Inside reverse fold
in the second opening

次ページに
つづく

さしこみます
Insert

ずらすように折ります
Pull out and fold

開いて
折りたたみます
Separate the layers
and squash down

新作家シリーズ3

29

前ページから
つづく ⑯

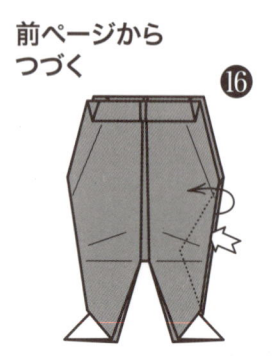

（下の部分）
The part of
the lower layer ⑰

⑱

⑲

開きます
Open

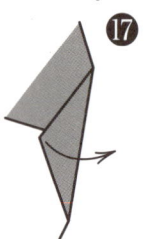

開きます
Open

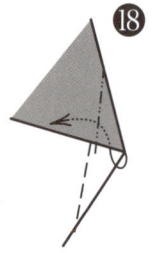

中わり折り
Inside reverse fold

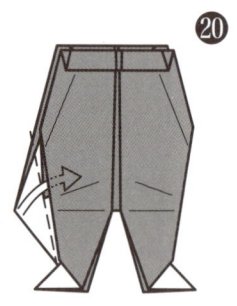

下半身
できあがり

㉑

⑳

同じものを
大きさをかえて
もう1こ作ります
Fold another one by the
different sized paper

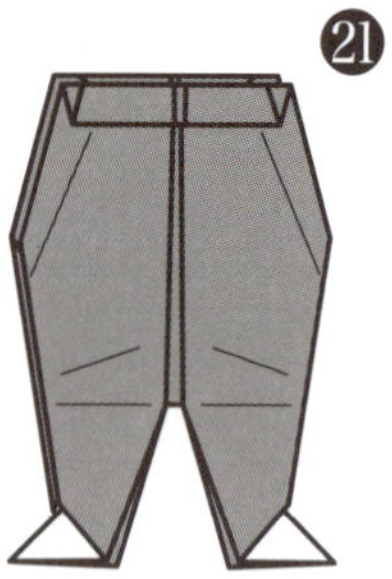

はんたいがわも
⑯〜⑳と同じように
折ります
Repeat the steps
⑯–⑳ on the other side

折ってさしこみます
Fold and insert

●くみあわせかた●
Assembly

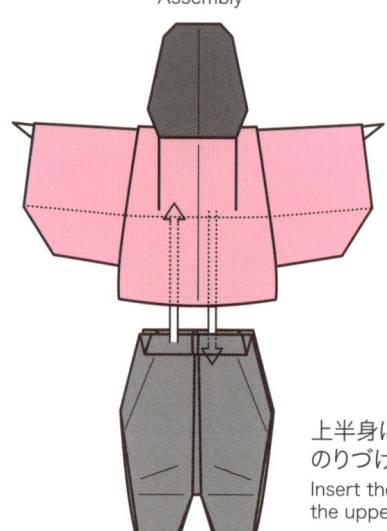

できあがり

上半身に下半身をさしこんで
のりづけします
Insert the lower half into
the upper half and glue

同じものを大きさをかえて
2こ作ります
Fold another one by the
different sized paper

30 新作家シリーズ3

Standing hinadolls
立ち雛

3月　In March

（月刊おりがみ 283 号掲載）

使用する紙の大きさと枚数
Size and Number of sheets

＜男雛＞ Male doll
　頭とはかま Head and *Hakama*
　…15cm × 15cm（1 枚）
　上衣 Clothes
　…15cm × 15cm（1 枚）

＜女雛＞ Female doll
　頭と上着 Head and clothes
　…15cm × 15cm（1 枚）
　下着 Under clothes
　…15cm × 15cm（1 枚）
　帯 Band
　…1.2cm × 6cm（1 枚）

幼いころ、私の住む金沢では一月遅れの四月三日に雛祭りが行われていました。今は、雛菓子が三月三日にあわせて店頭に並びますので、この風習もほとんど見かけなくなりましたが、四月三日までお雛様を飾っている家は多々あるようです。また、女の子たちが金華糖の鯛の尻尾で競って紅をひいたのも懐かしいおもいです。

(作者)

Hinamatsuri is an occasion to pray for young girls' growth and happiness. It is held on March 3rd. Most homes with girls display dolls for this Doll's Festival. In my childhood, on April 3, we used to hold *Hinamatsuri* a month old according to the old lunar calendar. And the girls used to play rouging by the red dye on *Kinkato*, which are the traditional sugar confections shaped like sea bream, mushrooms and other food for the *Hinamatsuri*.

新作家シリーズ3

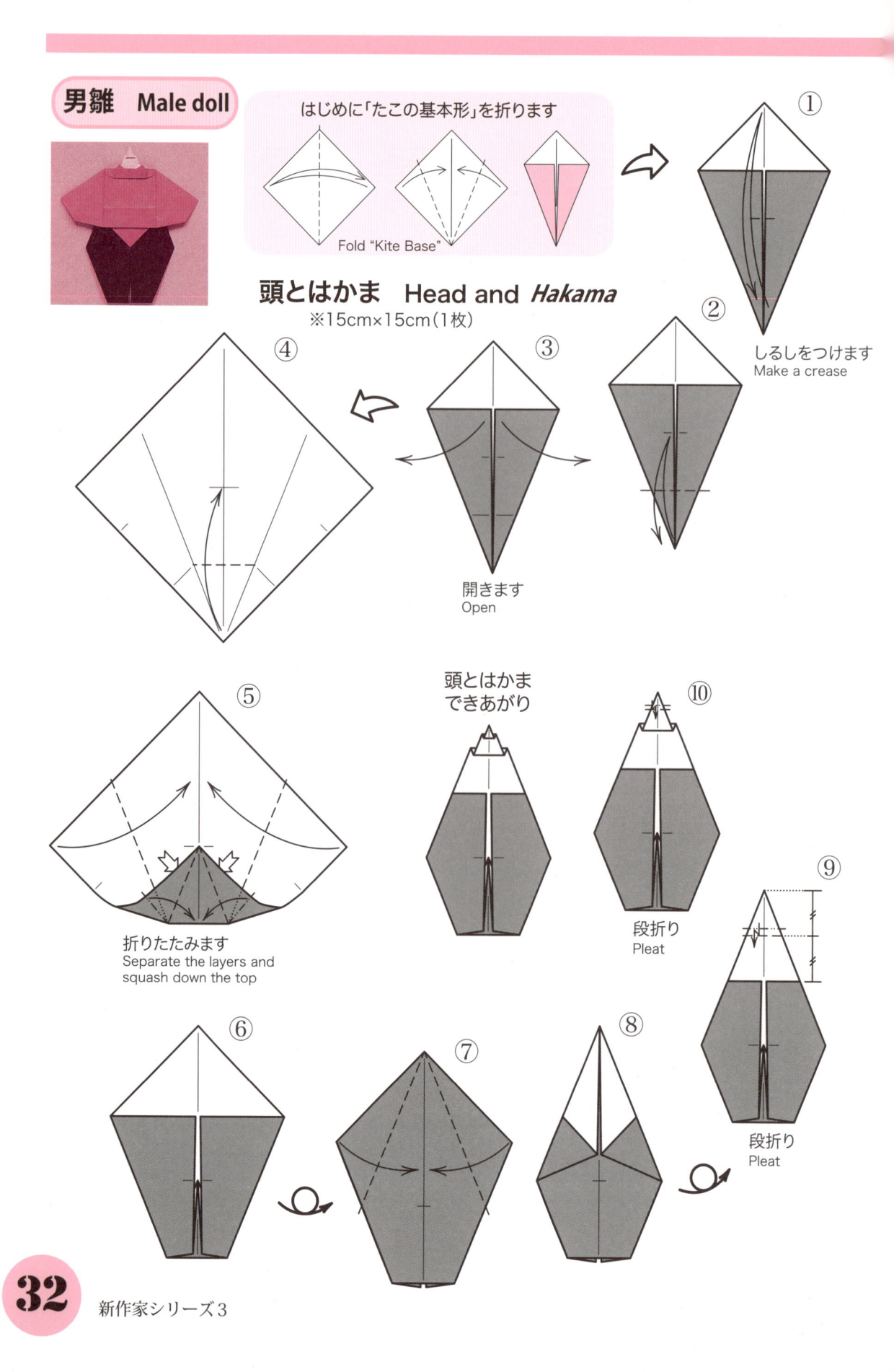

男雛 **Male doll**

はじめに「たこの基本形」を折ります
Fold "Kite Base"

頭とはかま **Head and** *Hakama*
※15cm×15cm（1枚）

① しるしをつけます
Make a crease

②

③ 開きます
Open

④

⑤ 折りたたみます
Separate the layers and squash down the top

⑥

⑦

⑧

⑨ 段折り
Pleat

⑩ 段折り
Pleat

頭とはかま できあがり

32 新作家シリーズ3

上衣　Clothes　※15cm×15cm（1枚）

① しるしをつけます
Make a crease

②

③

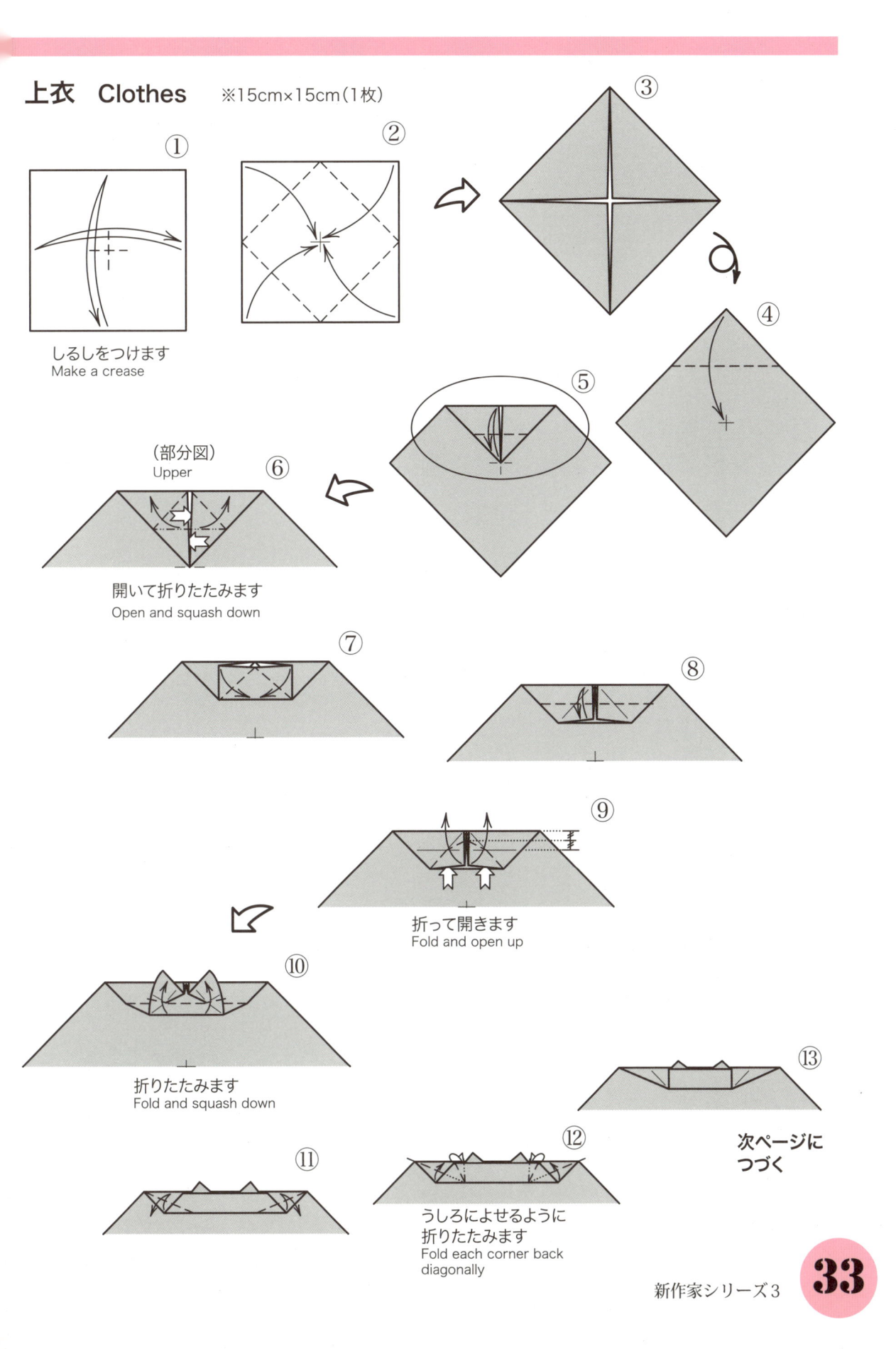

④

⑤

⑥ (部分図) Upper
開いて折りたたみます
Open and squash down

⑦

⑧

⑨ 折って開きます
Fold and open up

⑩ 折りたたみます
Fold and squash down

⑪

⑫ うしろによせるように折りたたみます
Fold each corner back diagonally

⑬

次ページにつづく

新作家シリーズ3

33

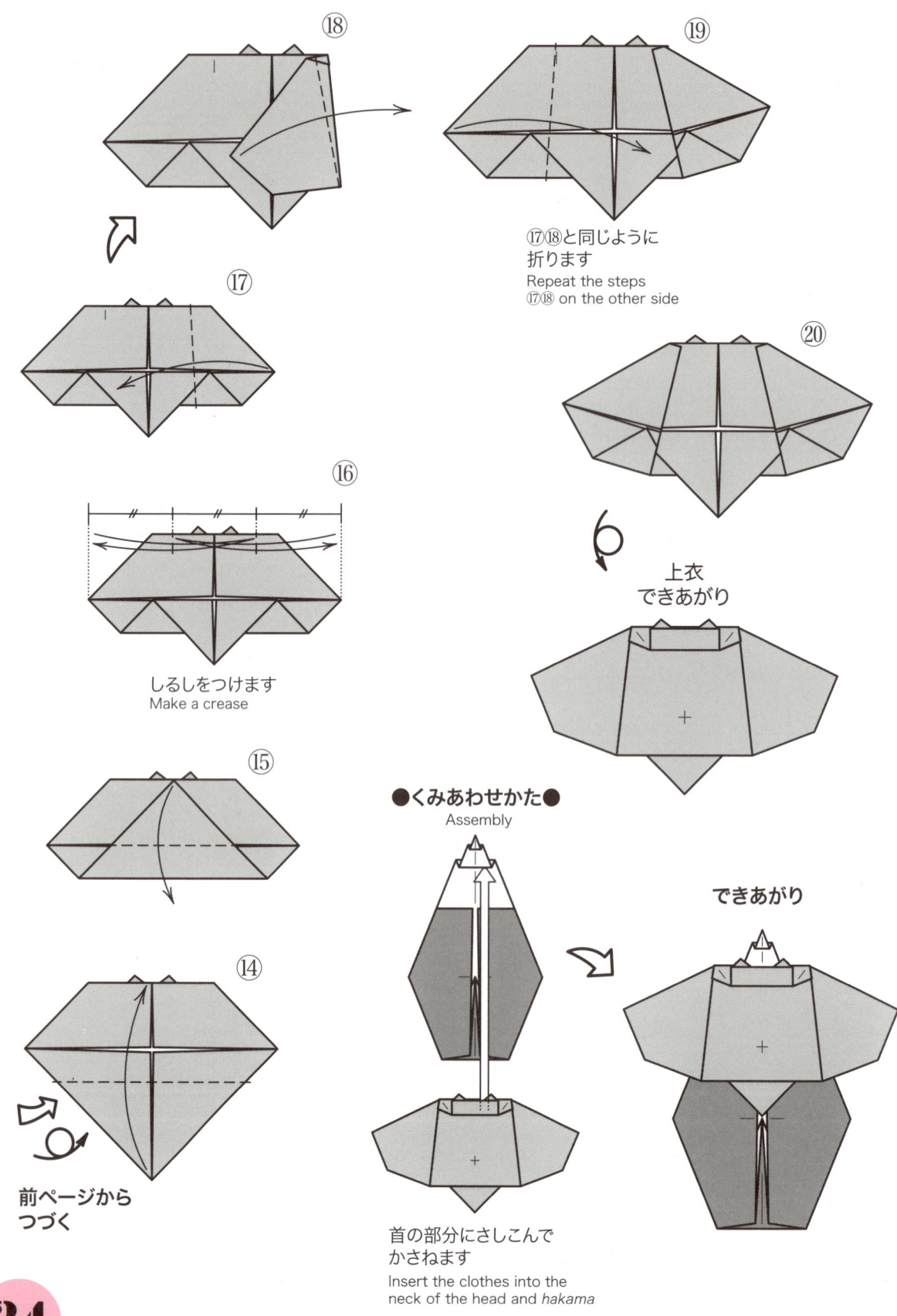

⑱

⑲

⑰⑱と同じように
折ります
Repeat the steps
⑰⑱ on the other side

⑰

⑳

⑯

上衣
できあがり

しるしをつけます
Make a crease

⑮

●くみあわせかた●
Assembly

できあがり

⑭

前ページから
つづく

首の部分にさしこんで
かさねます
Insert the clothes into the
neck of the head and *hakama*

34 新作家シリーズ3

女雛　Female doll

※15cm×15cm(2枚)

はじめに「ざぶとん基本形」を折ります

Fold "Blintz Base"

① かさねて折ります
Overlay and fold

②

③ 2枚を別々にします
Separate two pieces

❹ 下着になります
This piece is the under clothes

④ 頭と上着になります
This piece is the head and clothes

⑤

⑥ うしろによせるように折りたたみます
Fold each corner back diagonally

⑦ ❹をさしこんでかさねます
Insert and overlay

⑧

⑨

⑩

⑪

次ページにつづく

新作家シリーズ3

35

Tulips
チューリップ

4月　In April

(月刊おりがみ 284 号掲載)

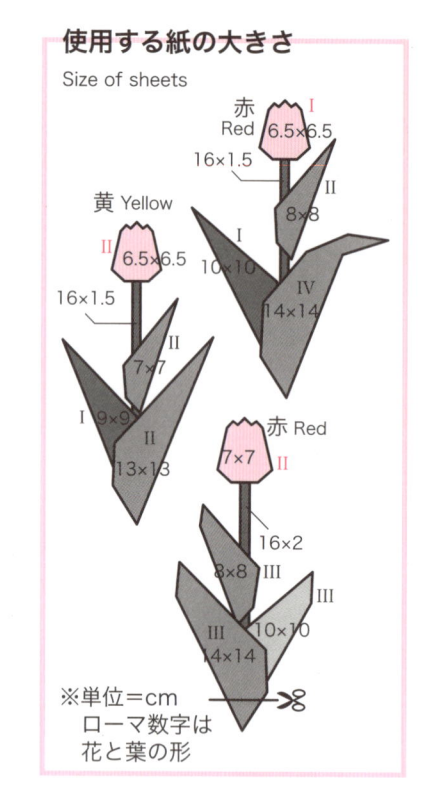

使用する紙の大きさ
Size of sheets

赤 Red I 6.5×6.5
16×1.5
II 8×8
黄 Yellow
II 6.5×6.5
I 10×10
16×1.5
IV 14×14
II 7×7
I 9×9
II 13×13
赤 Red
7×7 II
16×2
8×8 III
III
III 10×10
III 14×14

※単位＝cm
ローマ数字は
花と葉の形

富山県砺波市のチューリップフェアは、有名で、ご覧になった方も多いでしょう。小さなお子様もよく知っているチューリップを染め分けられた和紙を生かして折ってみました。花は次のようになさってみてください。上の1枚を少しめくります。内側の紙をずらすように引き出し、そのまま指を奥の方までなぞるようにして山線を移動させます。次に頂点をそろえて片手で押さえ、もう一方の手で浮いている両側を少しずつつぶしてください。　　　　（作者）

I made this picture for the spring time by using tulips even little children know well.

前ページから
つづく　　⑫　　⑬　　⑭　　⑮　　⑯　　できあがり

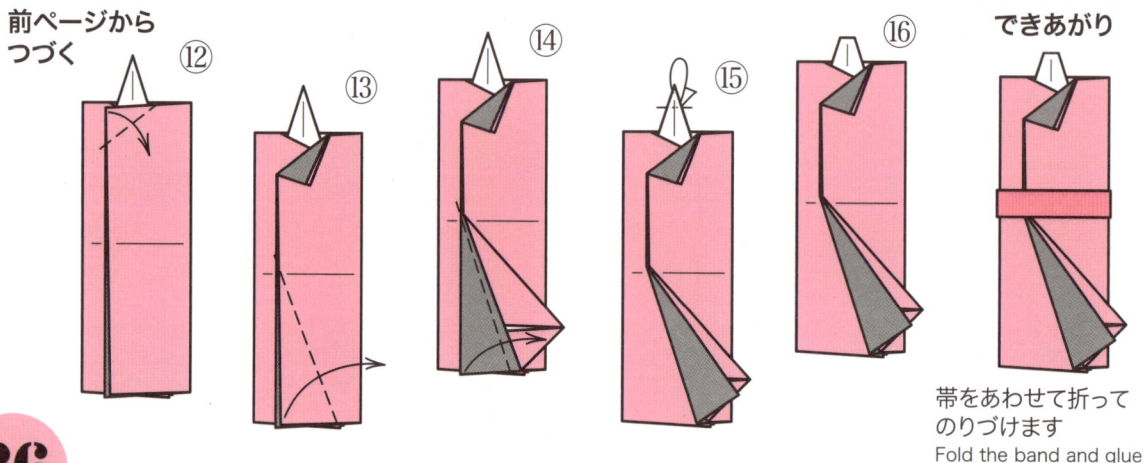

帯をあわせて折って
のりづけます
Fold the band and glue

36　新作家シリーズ3

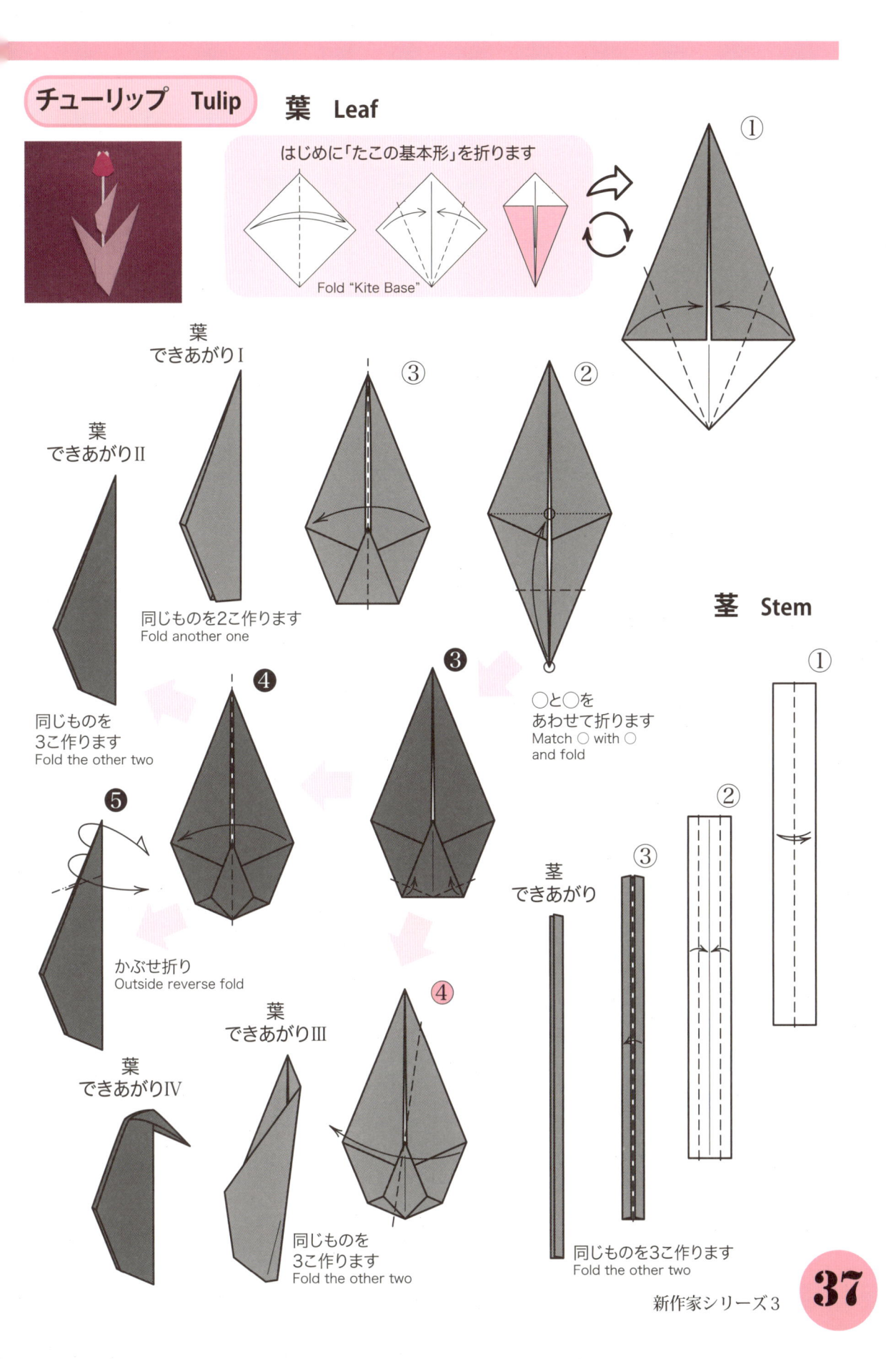

チューリップ　Tulip

葉　Leaf

はじめに「たこの基本形」を折ります
Fold "Kite Base"

① ② ③

葉 できあがりⅠ
同じものを2こ作ります
Fold another one

葉 できあがりⅡ
同じものを3こ作ります
Fold the other two

❸ ❹ ❺

○と○を あわせて折ります
Match ○ with ○ and fold

かぶせ折り
Outside reverse fold

葉 できあがりⅢ
同じものを3こ作ります
Fold the other two

葉 できあがりⅣ

茎　Stem

① ② ③

茎 できあがり
同じものを3こ作ります
Fold the other two

新作家シリーズ3

37

花 I　Flower

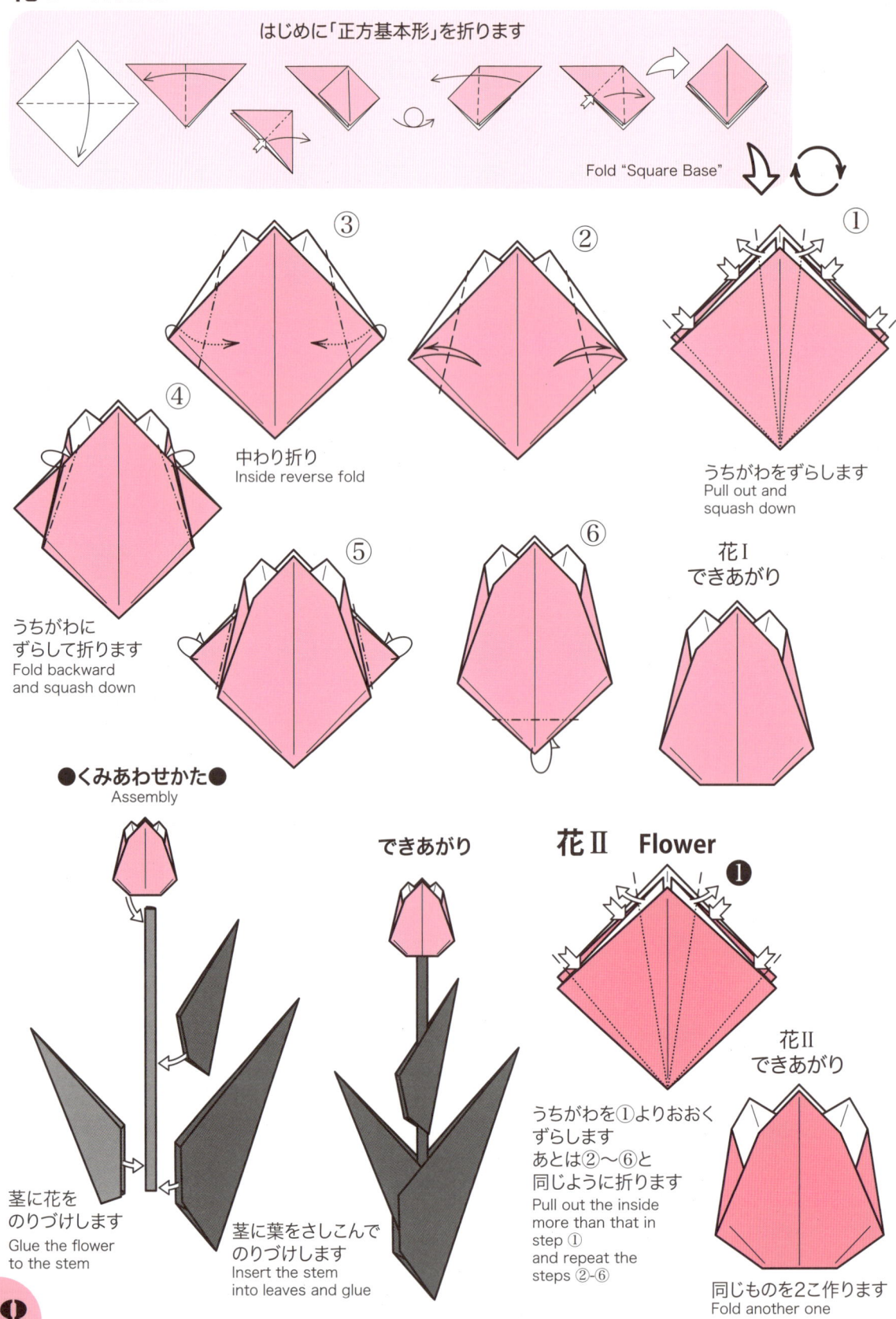

はじめに「正方基本形」を折ります

Fold "Square Base"

① うちがわをずらします
Pull out and squash down

② 中わり折り
Inside reverse fold

③

④ うちがわにずらして折ります
Fold backward and squash down

⑤

⑥

花 I できあがり

● くみあわせかた ●
Assembly

茎に花をのりづけします
Glue the flower to the stem

茎に葉をさしこんでのりづけします
Insert the stem into leaves and glue

できあがり

花 II　Flower

① うちがわを①よりおおくずらします
あとは②〜⑥と同じように折ります
Pull out the inside more than that in step ① and repeat the steps ②-⑥

花 II できあがり

同じものを2こ作ります
Fold another one

38　新作家シリーズ3

Boys' festival

端午の節句

5月　In May

（月刊おりがみ285号掲載）

使用する紙の大きさと枚数
Size and Number of sheets

＜男の子＞ Boy
　頭 Head…7.5cm × 7.5cm（1枚）
　帯 Band…2.5cm × 13cm（1枚）
　着物の上 Upper half of *kimono*
　…14.4cm × 12cm（1枚）
　手の部分にあてる紙 Paper for hands
　…2cm × 2cm（2枚）
　着物の下 Lower half of *kimono*
　…3cm × 15cm（1枚）
　足 Legs…8cm × 8cm（1枚）
　ぞうり Japanese sandals
　…3.5cm × 3.5cm（1枚）
＜こいのぼり＞ Carp streamer
　こい Carp…7.5cm × 7.5cm（1枚）
　　　　　　　6cm × 6cm（1枚）
　さお Stick…長さ10cmのこより（1本）
＜菖蒲＞ Japanese iris
　花 Flower…10cm × 10cm（2枚）
　葉 Leaves…7.5cm × 4cm（2枚）
　　　　　　　6cm × 4cm（2枚）
　　　　　　　5.5cm × 4cm（1枚）
　　　　　　　4cm × 4cm（2枚）

外で遊ぶことの多かった幼い日に思いをはせ、菖蒲(しょうぶ)を添えて私好みの色調にしあげています。兜(かぶと)や着物の色を変えて、お好みの色彩をお楽しみください。菖蒲は、円窓の色紙に大輪の花を置きましたので、ここでは茎を使っていませんが、茎をつけて違った構図でもどうぞ。私の住む金沢では、端午の節句も雛まつりと同じく一月遅れでおこなわれました。　　　　　　（作者）

Tango-no-sekku is the Boys' Festival observed on May 5 to celebrate the healthy growth of boys. Warrior dolls and miniature suits of armor are displayed within doors and carp-shaped streamers called *Koinobori* are flown outside. Making this origami picture, I remembered that I often played outside in my childhood. In this origami picture, I did not use the stem for the Japanese iris. Please try to make the different origami picture by using the stem by yourself.

＜菖蒲＞ Japanese iris
P46のできあがりの形にするときの紙の大きさの例
　花 Flower…10cm × 10cm
　葉 Leaves…4cm幅（長さは適当）
　茎 Stem…2cm幅（長さは適当）

新作家シリーズ3

39

男の子　Boy

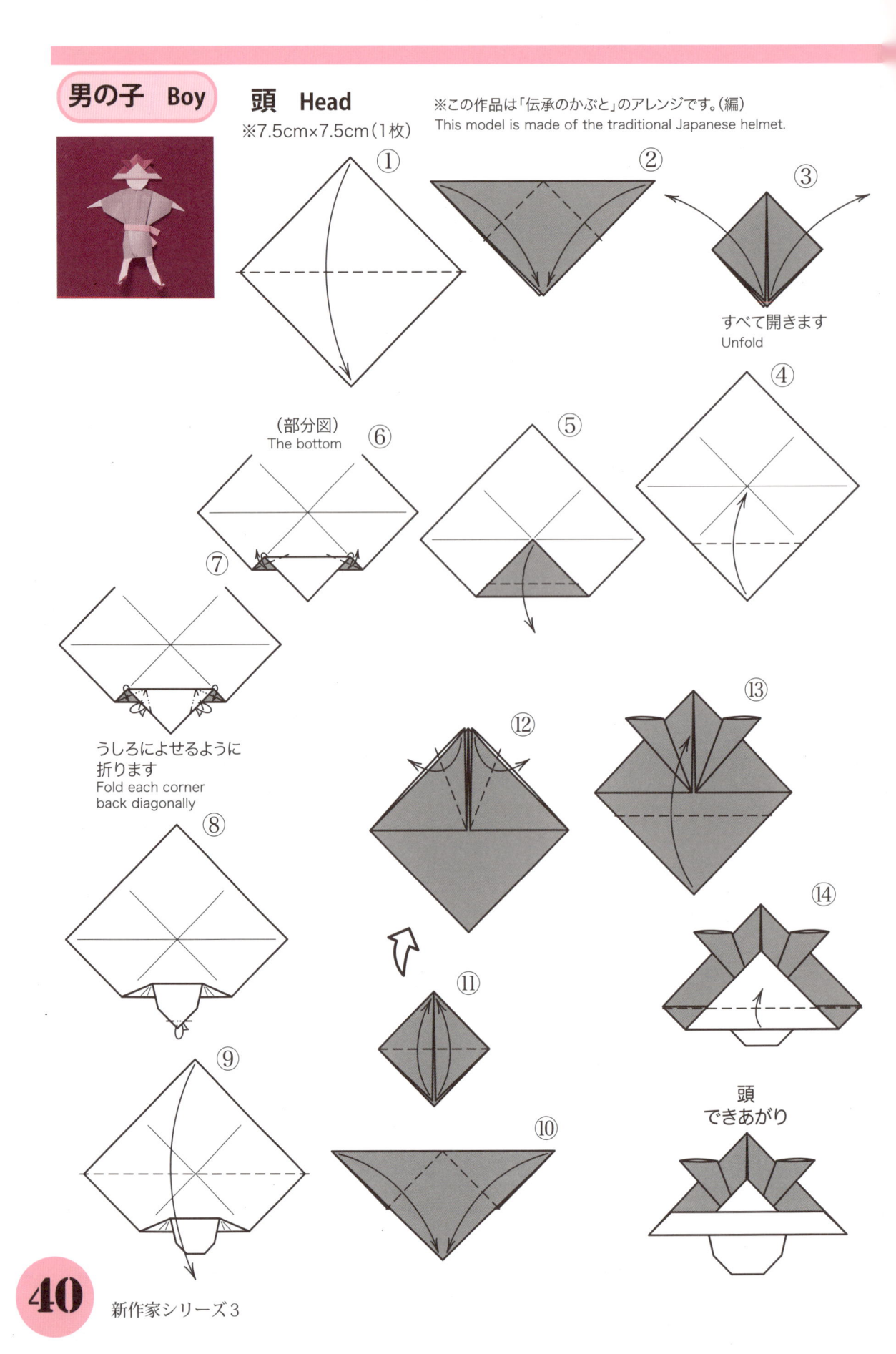

頭　Head
※7.5cm×7.5cm（1枚）

※この作品は「伝承のかぶと」のアレンジです。(編)
This model is made of the traditional Japanese helmet.

すべて開きます
Unfold

（部分図）
The bottom

うしろによせるように
折ります
Fold each corner back diagonally

頭
できあがり

40　新作家シリーズ3

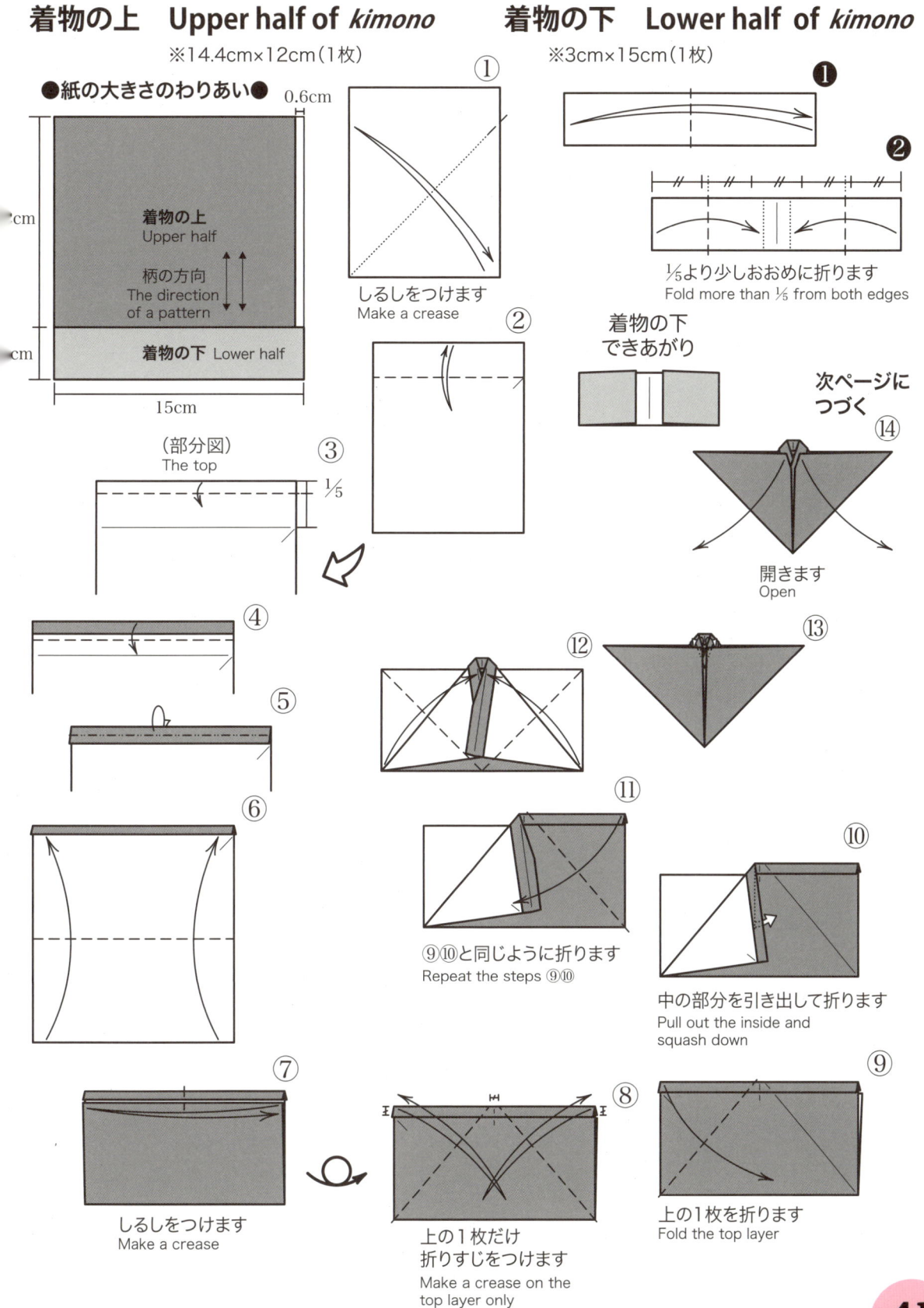

着物の上　Upper half of *kimono*
※14.4cm×12cm（1枚）

着物の下　Lower half of *kimono*
※3cm×15cm（1枚）

●紙の大きさのわりあい●

0.6cm

着物の上　Upper half

柄の方向　The direction of a pattern

着物の下　Lower half

15cm

① しるしをつけます
Make a crease

②

③ （部分図）The top
1/5

④

⑤

⑥

⑦ しるしをつけます
Make a crease

⑧ 上の1枚だけ折りすじをつけます
Make a crease on the top layer only

⑨ 上の1枚を折ります
Fold the top layer

⑩ 中の部分を引き出して折ります
Pull out the inside and squash down

⑪ ⑨⑩と同じように折ります
Repeat the steps ⑨⑩

⑫

❶

❷ 1/5より少しおおめに折ります
Fold more than 1/5 from both edges

着物の下できあがり

⑬

⑭ 開きます
Open

次ページにつづく

41

新作家シリーズ3

帯 Band
※2.5cm×13cm(1枚)

❶ ❷ ❸

帯 できあがり

前ページから つづく ⑮

折ってさしこみます
Fold and insert

⑯ 段折り
Pleat

⑰ (部分図) The right side
もどします
Unfold

⑱ 段折りしながら中わり折り
Make an inside reverse fold and push in

⑲ はんたいがわも⑰⑱と同じ
Repeat the steps ⑰⑱ on the other side

⑳

㉑ 段折り
Pleat

着物の上 できあがり

■ の部分に足と同じ色の紙を貼ります
Glue the paper of the same color of the legs to ■

足 Legs
※8cm×8cm(1枚)

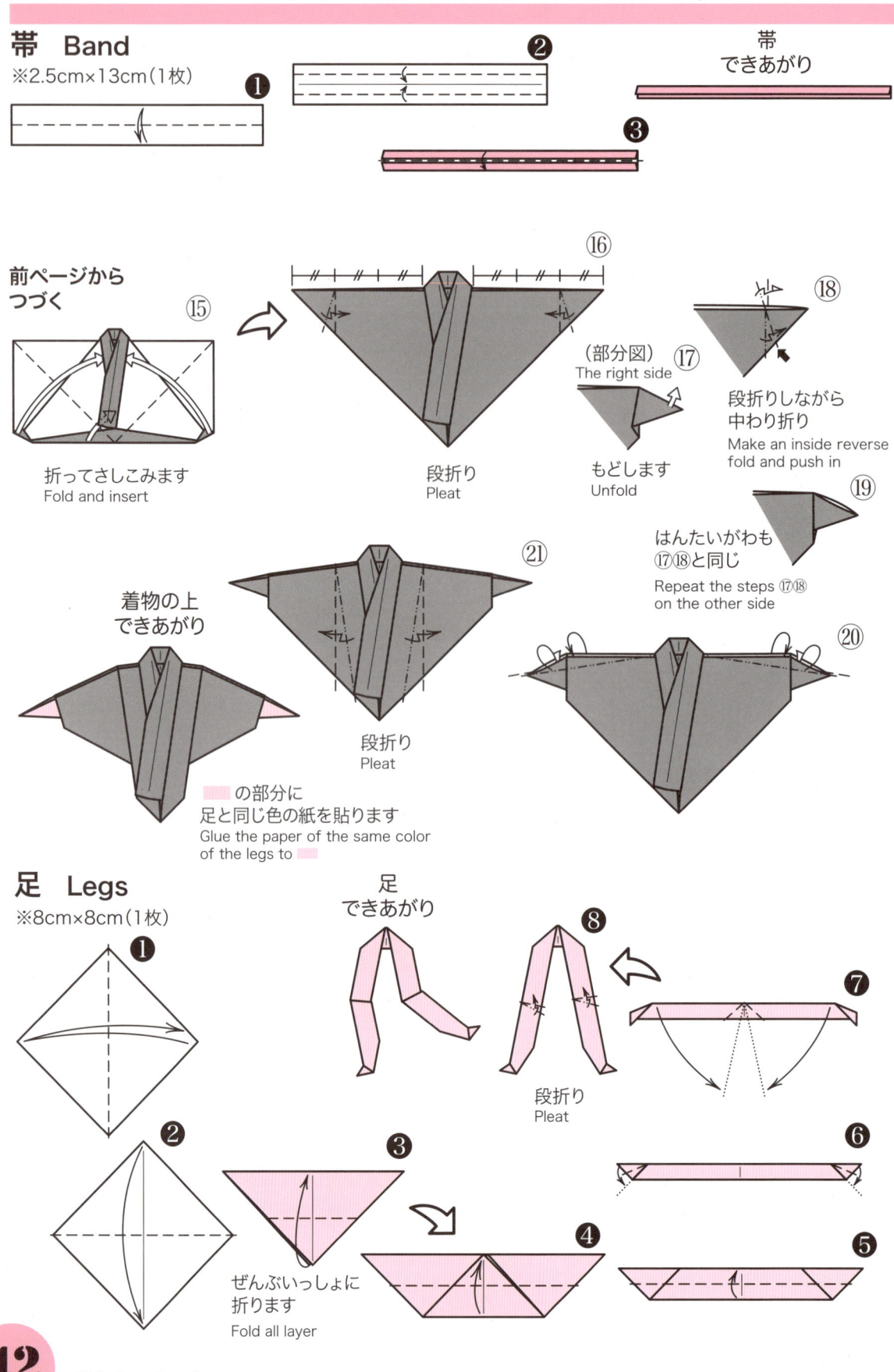

❶ ❷ ❸ ぜんぶいっしょに折ります
Fold all layer

❹ ❺ ❻ ❼

❽ 段折り
Pleat

足 できあがり

新作家シリーズ3

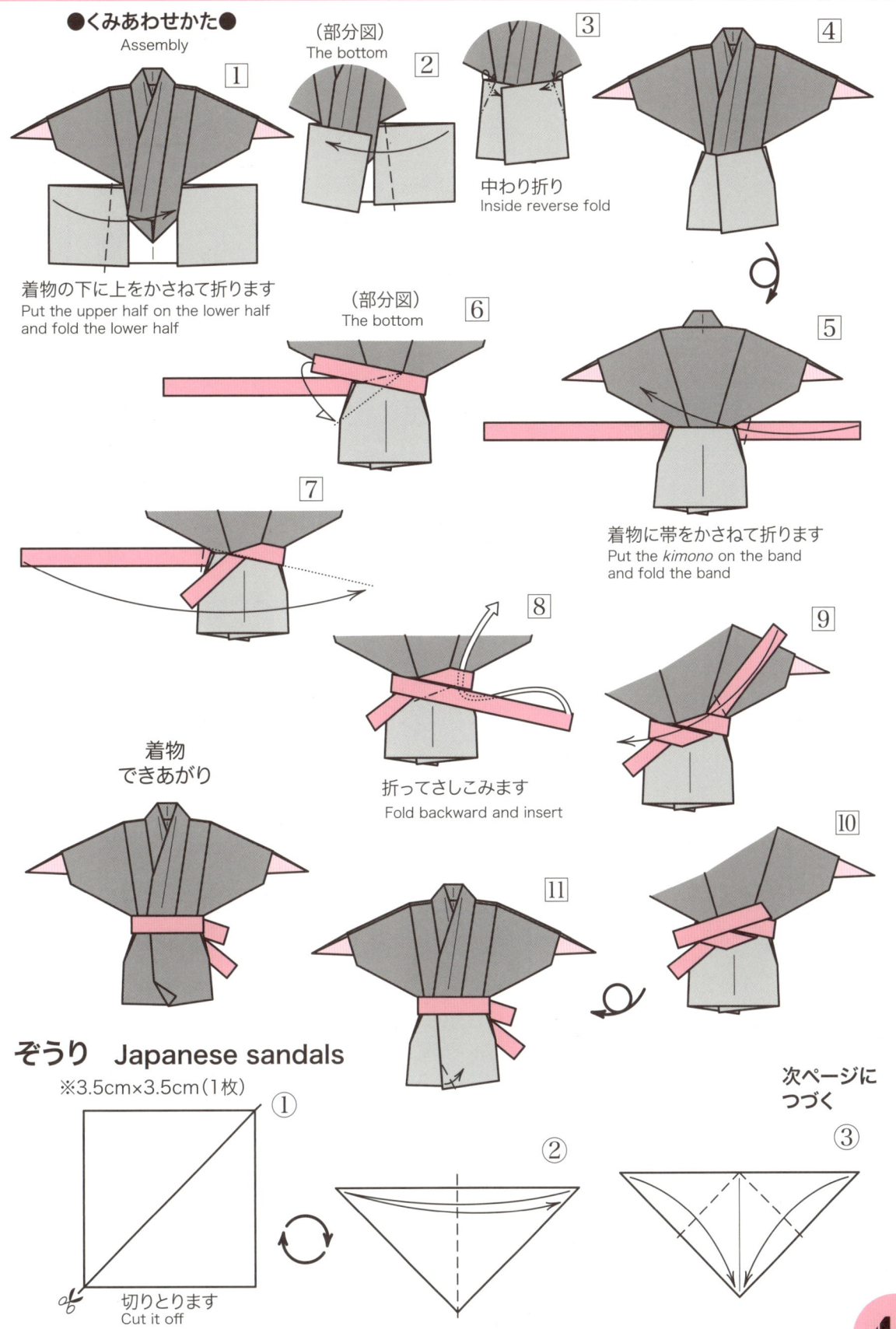

●くみあわせかた● Assembly

1 (部分図) The bottom

着物の下に上をかさねて折ります
Put the upper half on the lower half and fold the lower half

2 (部分図) The bottom

3 中わり折り Inside reverse fold

4

5 着物に帯をかさねて折ります
Put the *kimono* on the band and fold the band

6

7

8 折ってさしこみます
Fold backward and insert

9

10

11

着物 できあがり

ぞうり　Japanese sandals

※3.5cm×3.5cm（1枚）

① 切りとります Cut it off

②

③

次ページにつづく

43

新作家シリーズ3

こいのぼり　Carp streamer

※7.5cm×7.5cm（1枚）
6cm×6cm（1枚）

こい
できあがり

同じものを大きさを
かえて2こ作ります
Fold another one by the
different sized paper

うらがわも同じ
Repeat on
the other side

❸

❷

長さ10cmのこよりを
作りましょう
Make a paper string of
10cm in length

中わり折り
Inside reverse fold

❹

❶

こい（伝承）
Carp(Traditional model)　※7.5cm×7.5cm（1枚）

はじめに「魚の基本形II」を折ります

Fold "Fish Base II"

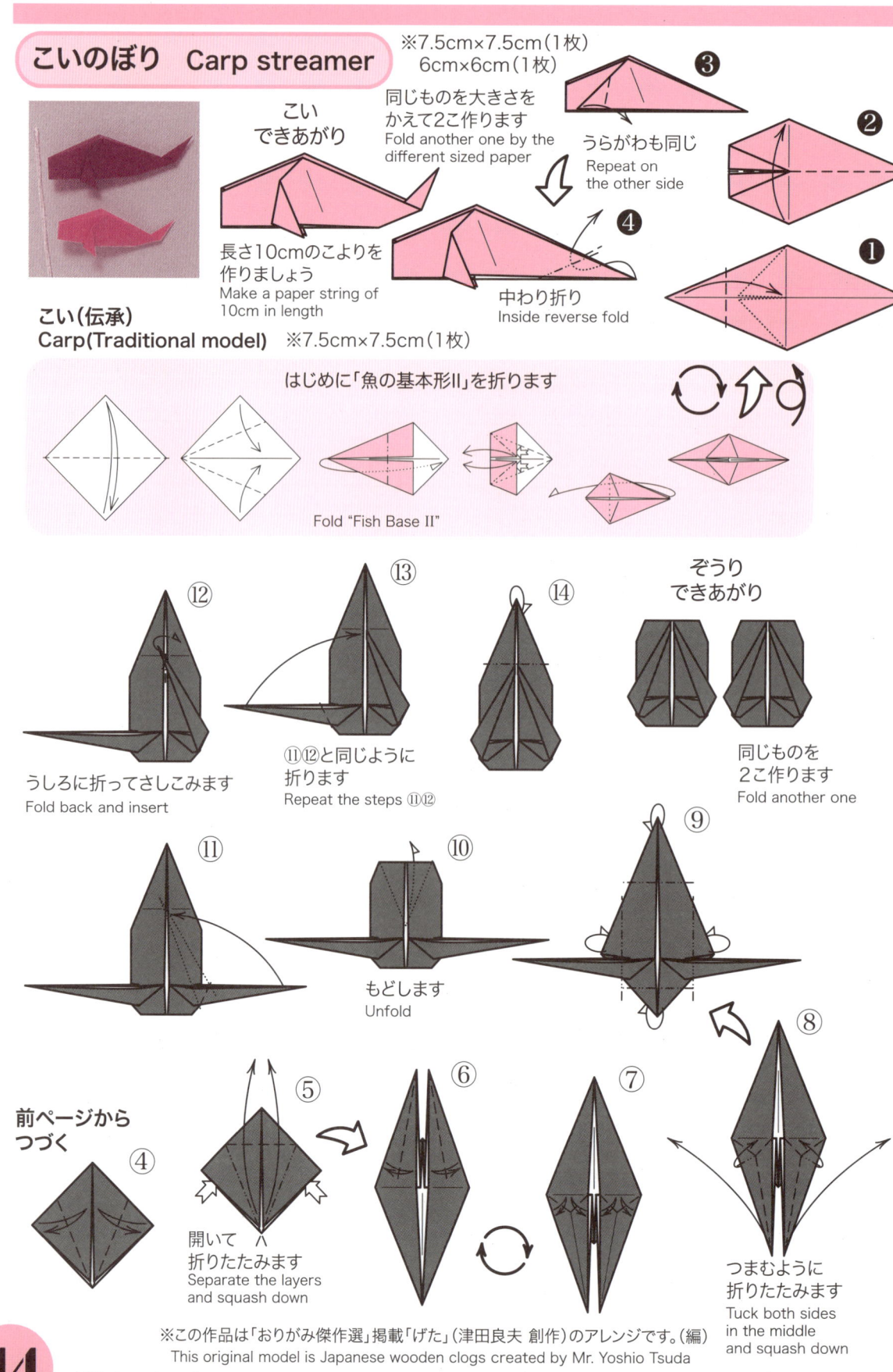

⑫
うしろに折ってさしこみます
Fold back and insert

⑬
⑪⑫と同じように
折ります
Repeat the steps ⑪⑫

⑭

ぞうり
できあがり

同じものを
2こ作ります
Fold another one

⑪

⑩
もどします
Unfold

⑨

前ページから
つづく

④

⑤
開いて
折りたたみます
Separate the layers
and squash down

⑥

⑦

⑧
つまむように
折りたたみます
Tuck both sides
in the middle
and squash down

※この作品は「おりがみ傑作選」掲載「げた」(津田良夫 創作)のアレンジです。(編)
This original model is Japanese wooden clogs created by Mr. Yoshio Tsuda

44　新作家シリーズ3

菖蒲　Japanese iris

花　Flower

※10cm×10cm（2枚）

①

②

③ しるしをつけます
Make a crease

④ ○と○をあわせて
しるしをつけます
Match ○ with ○ and
Make a crease

⑤ ○と○をあわせて
折りすじをつけます
Match ○ with ○ and
Make a crease

⑥ 1/3

⑦ ○をとおる線で折ります
Fold at ○

⑧ 開きます
Unfold

⑨ 折りたたみます
Fold and squash down

⑩

⑪ 開いて
折りたたみます
Separate the layers
and squash down
the top

⑫ ○と○をあわせて折って
開きます
Match ○ with ○ and fold

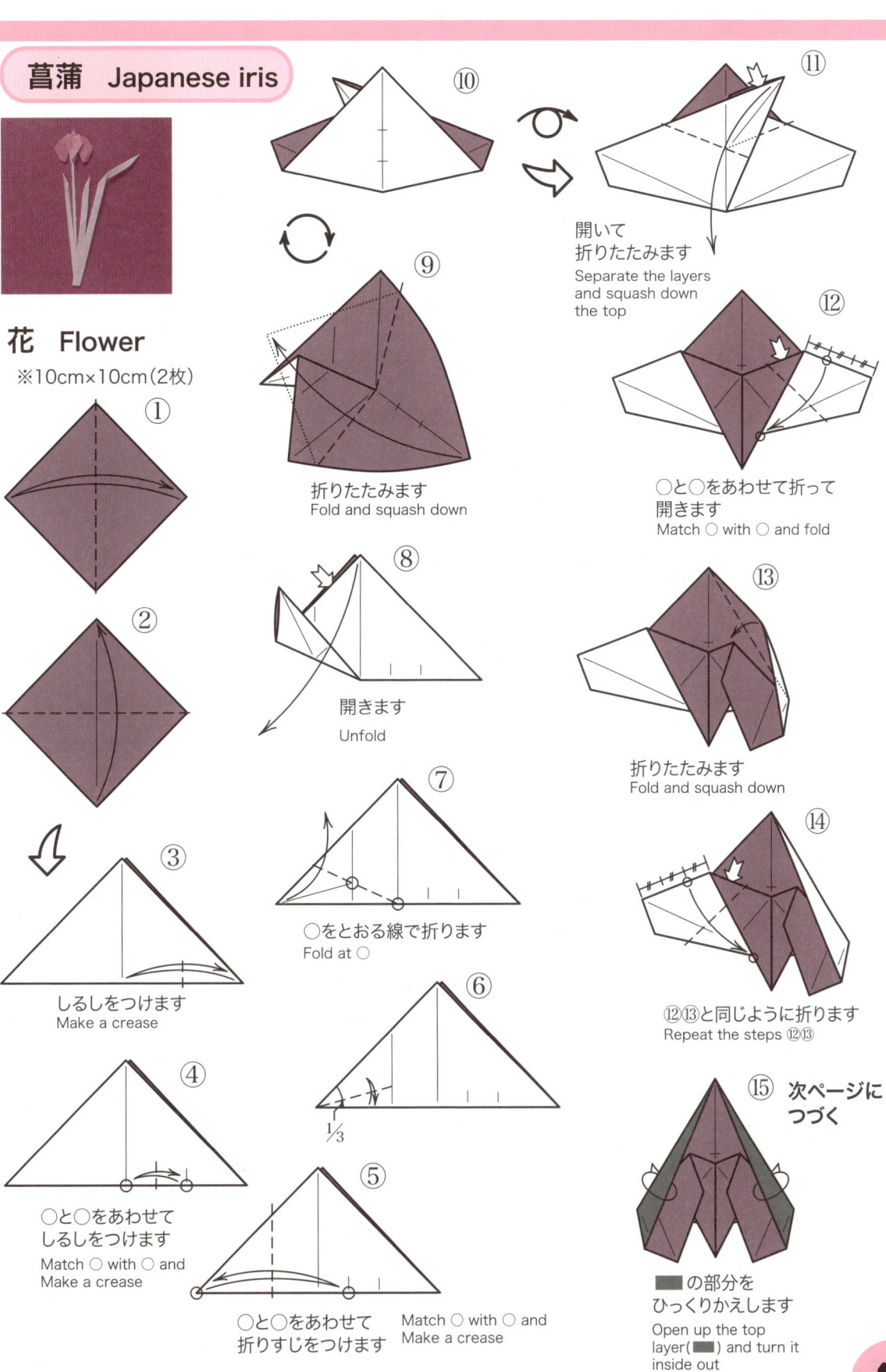

⑬ 折りたたみます
Fold and squash down

⑭ ⑫⑬と同じように折ります
Repeat the steps ⑫⑬

⑮ 次ページに
つづく

■の部分を
ひっくりかえします
Open up the top
layer(■) and turn it
inside out

新作家シリーズ3

45

㉑ ㉒

花 できあがり

できあがり

同じものを2こ作ります
Fold another one

㉒

㉘

葉 Leaf

※7.5cm×4cm（2枚） 6cm×4cm（2枚）
5.5cm×4cm（1枚） 4cm×4cm（2枚）
（色紙用）

花と茎と葉を形よくくみあわせます
Glue the flower and the leaves to the stem

❶ ❷ ❸ ❹

茎 Stem

❶ ❷ （部分図） The top ❸

段折り
Pleat

（部分図）
The top

❺

ずらしながら中の部分を引き出して折りたたみます
Pull out the inside and squash down

❻

❹

茎できあがり

❼ ❻ ❺

❼

葉できあがり

❹❺と同じように折ります
Repeat the steps
❹❺

開いて折りたたみます
Separate the layers and squash down the top

⑯

中の部分が出るように折りたたみかえます
Pull out the inside

前ページからつづく

46 新作家シリーズ3

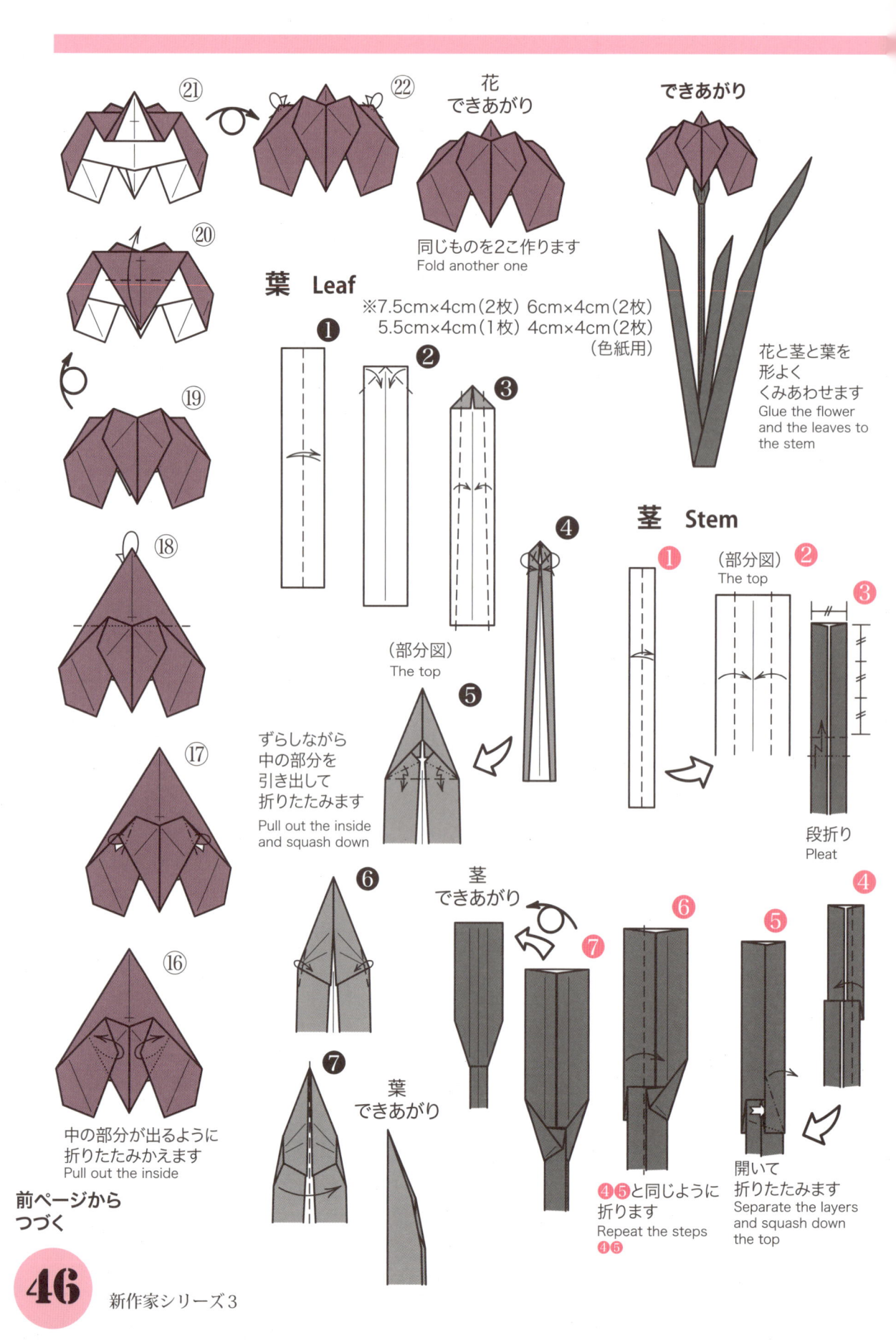

Hyakumangoku Festival

百万石まつり

6月　In June

（月刊おりがみ 286 号掲載）

使用する紙の大きさと枚数
Size and Number of sheets

＜獅子舞＞ *Shishimai*
　獅子頭 Head
　…10cm × 10cm（1 枚）
　体 Body
　…15cm × 15cm（1 枚）
　足 Legs
　…10cm × 10cm（1 枚）
　尻尾 Tail
　…3cm × 8cm（1 枚）
＜剣梅鉢＞ *Kenumebachi*

15.5cm
15cm

金沢の百万石まつりの中の獅子舞を色紙にしました。加賀獅子は蚊帳（体）がとても大きく、たくさんの三味線奏者や囃子方が中に入り、笛、太鼓などの鳴り物を鳴らしながら街を練り歩き、随所で少年剣士と対戦します。バックに剣梅鉢（加賀前田家の家紋）を配しましたが、何もなくてもよいし、また、地元の獅子に似せて作っていただくのもよいと思います。尻尾を折ることにこだわる方は、細く蛇腹折りにして、形づけてもよいでしょう。足はしっかり折って勢いをつけてください。　（作者）

In June, *Hyakumangoku* Festival is held in *Kanazawa* city. It is a festival to commemorate the accomplishments of Maeda Toshiie. In this origami picture I expressed the magnificent *Shishimai* appeared on the festival. I pasted a sheet of paper in the shape of *Kenumebachi*, which is the family crest of MAEDA Family.

《百万石まつり》 *Hyakumangoku* fetival in *Kanazawa* city
加賀百万石の藩祖・前田利家の金沢入城（1583 年）を記念して、毎年 6 月第 1 土曜日を中心に金沢市で行われます。当時を再現する豪華けんらんな百万石行列をはじめ、加賀鳶行列、加賀獅子舞などの伝統ある行事が賑やかに繰りひろげられます。
《加賀獅子舞》 *Kagazishimai* : Ritual dance with a big lion's mask in *Kaga*
前田利家の金沢入城の際、お祝いのため、武術を取り入れて舞われたのが始まりとされています。大きな獅子頭と蚊帳と呼ばれる胴体が、その特徴です。　（写真提供：金沢市観光協会）

新作家シリーズ3

獅子舞 Shishimai (Ritual dance with a lion's mask)

獅子頭 Head
※10cm×10cm（1枚）

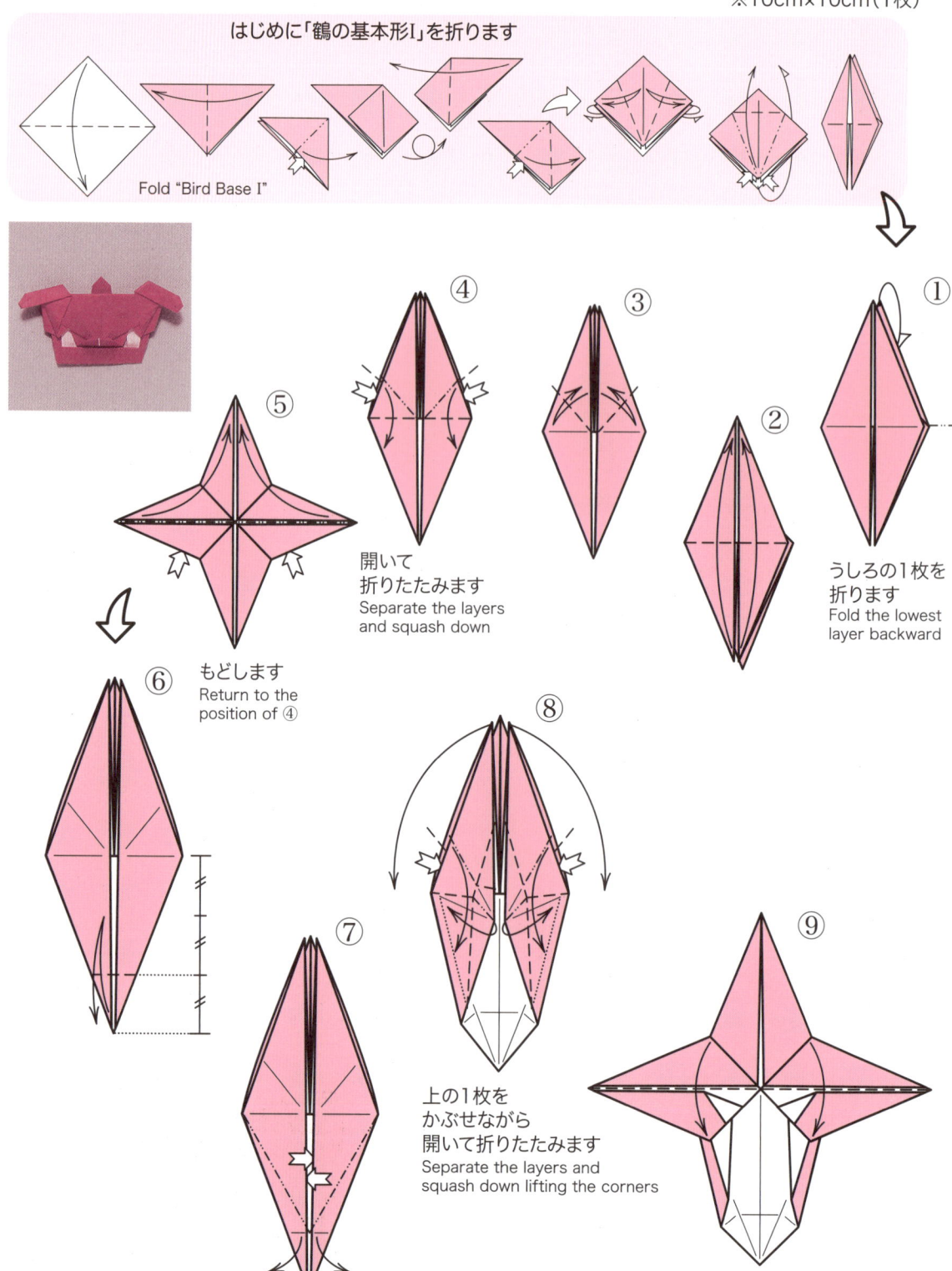

はじめに「鶴の基本形Ⅰ」を折ります
Fold "Bird Base I"

① うしろの1枚を折ります
Fold the lowest layer backward

②

③

④ 開いて折りたたみます
Separate the layers and squash down

⑤ もどします
Return to the position of ④

⑥

⑦ ずらすように折って中を開きます
Pull out the inside and fold

⑧ 上の1枚をかぶせながら開いて折りたたみます
Separate the layers and squash down lifting the corners

⑨

48 新作家シリーズ3

次ページに
つづく

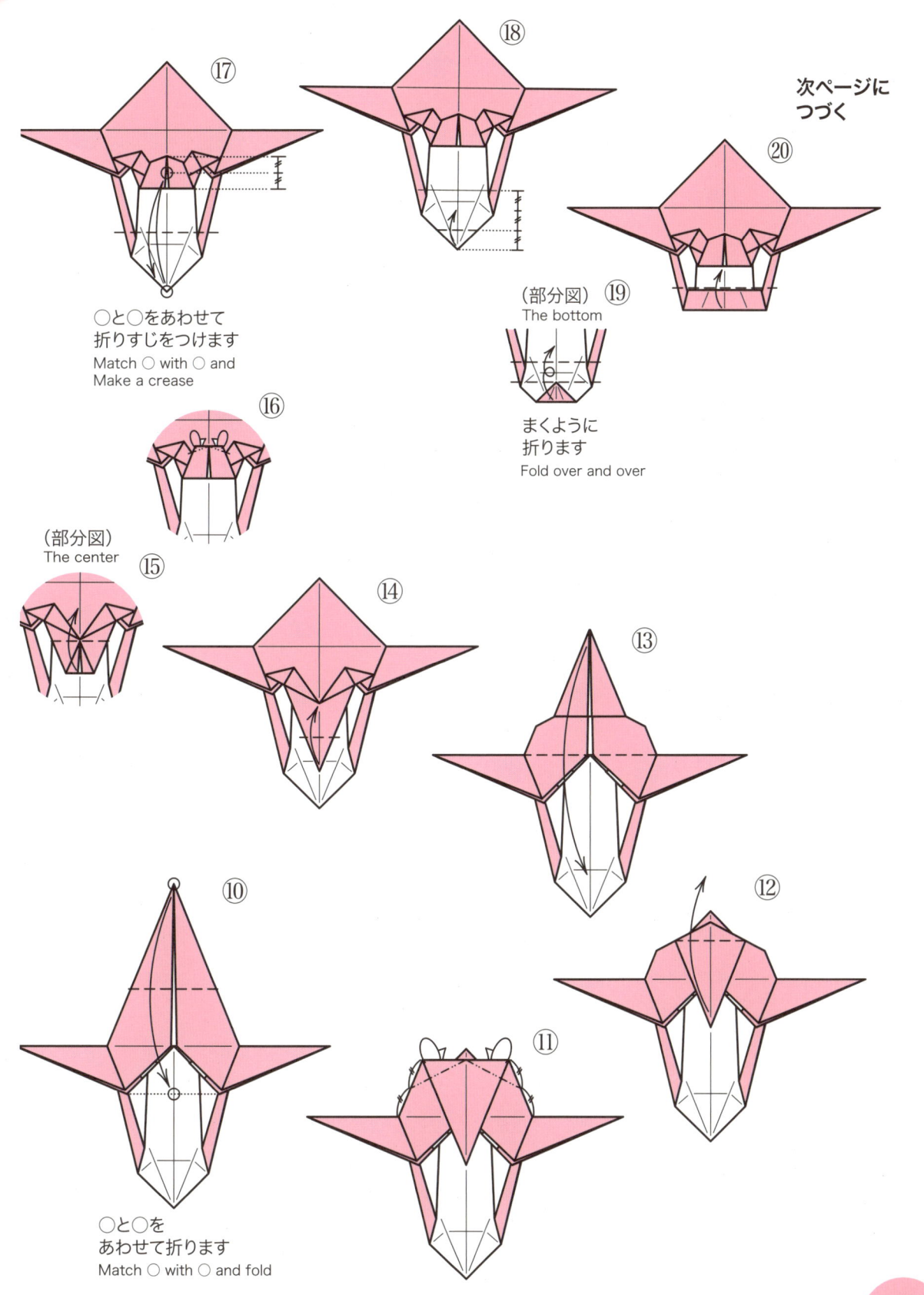

○と○をあわせて
折りすじをつけます
Match ○ with ○ and
Make a crease

（部分図）
The bottom

まくように
折ります
Fold over and over

（部分図）
The center

○と○を
あわせて折ります
Match ○ with ○ and fold

新作家シリーズ3

49

前ページから
つづく

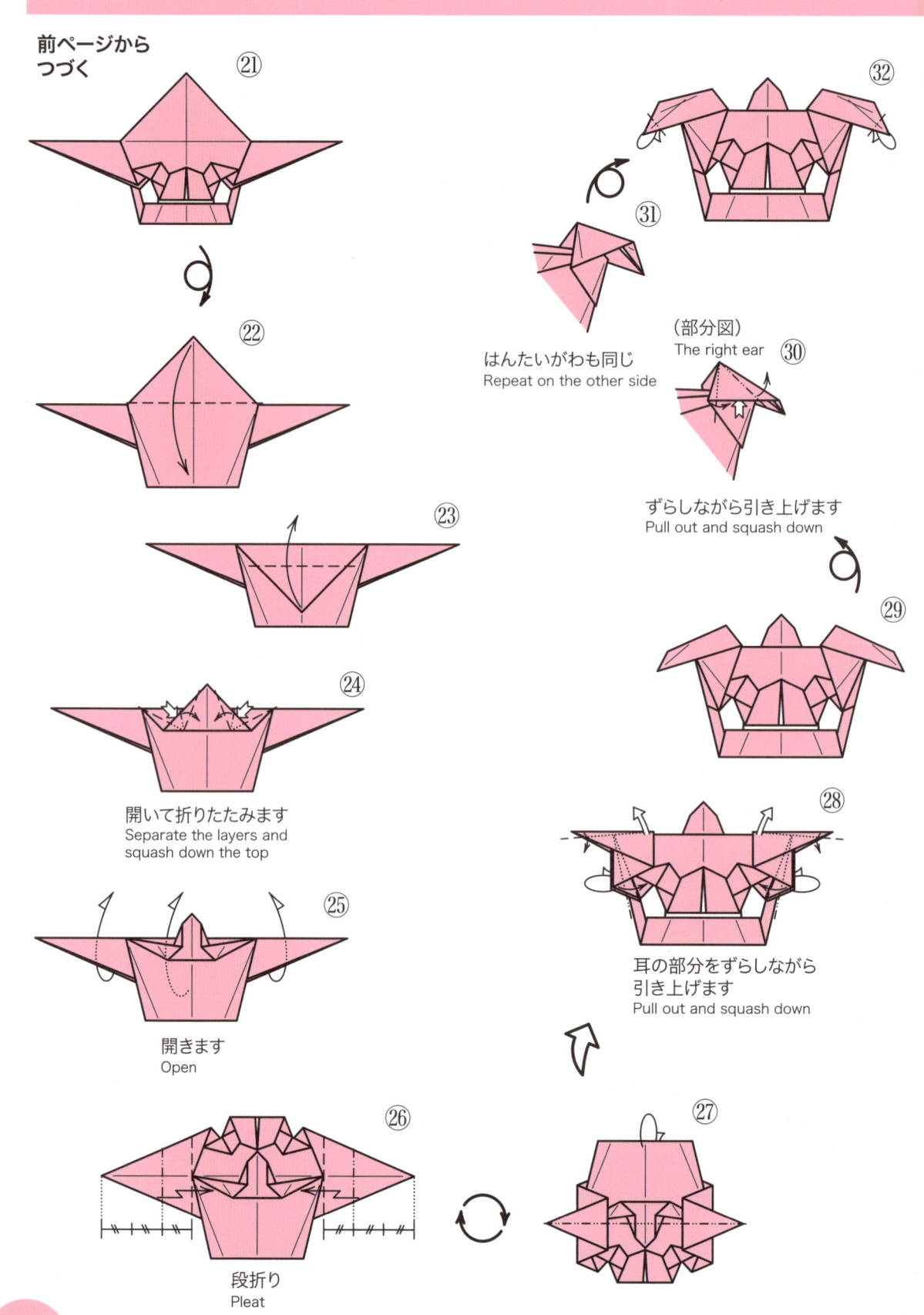

㉑

㉒

㉓

㉔
開いて折りたたみます
Separate the layers and squash down the top

㉕
開きます
Open

㉖
段折り
Pleat

㉗

㉘
耳の部分をずらしながら
引き上げます
Pull out and squash down

㉙

㉚
（部分図）
The right ear
ずらしながら引き上げます
Pull out and squash down

㉛
はんたいがわも同じ
Repeat on the other side

㉜

50　新作家シリーズ3

獅子頭
できあがりI

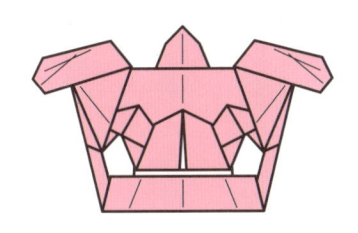

（参考写真）「加賀人形」
Reference *Kaganingyo*

獅子頭IIを使った作品です
*Shishigashira*II is used in this work.

（写真提供：日本折紙博物館）
photo by Nippon Origami Museum

目の色を変えるとき
how to put the white side in the eyes

❶

獅子頭
できあがりII

もどします
Unfold

❷

のばします
Unfold

❺

❸

上の1枚に
切りこみをいれます
Make cuts in only the top layer

もとにもどします
Return to the position of ❶

❹

■の部分を
うしろに折ります
Bring ■ backward

新作家シリーズ3

51

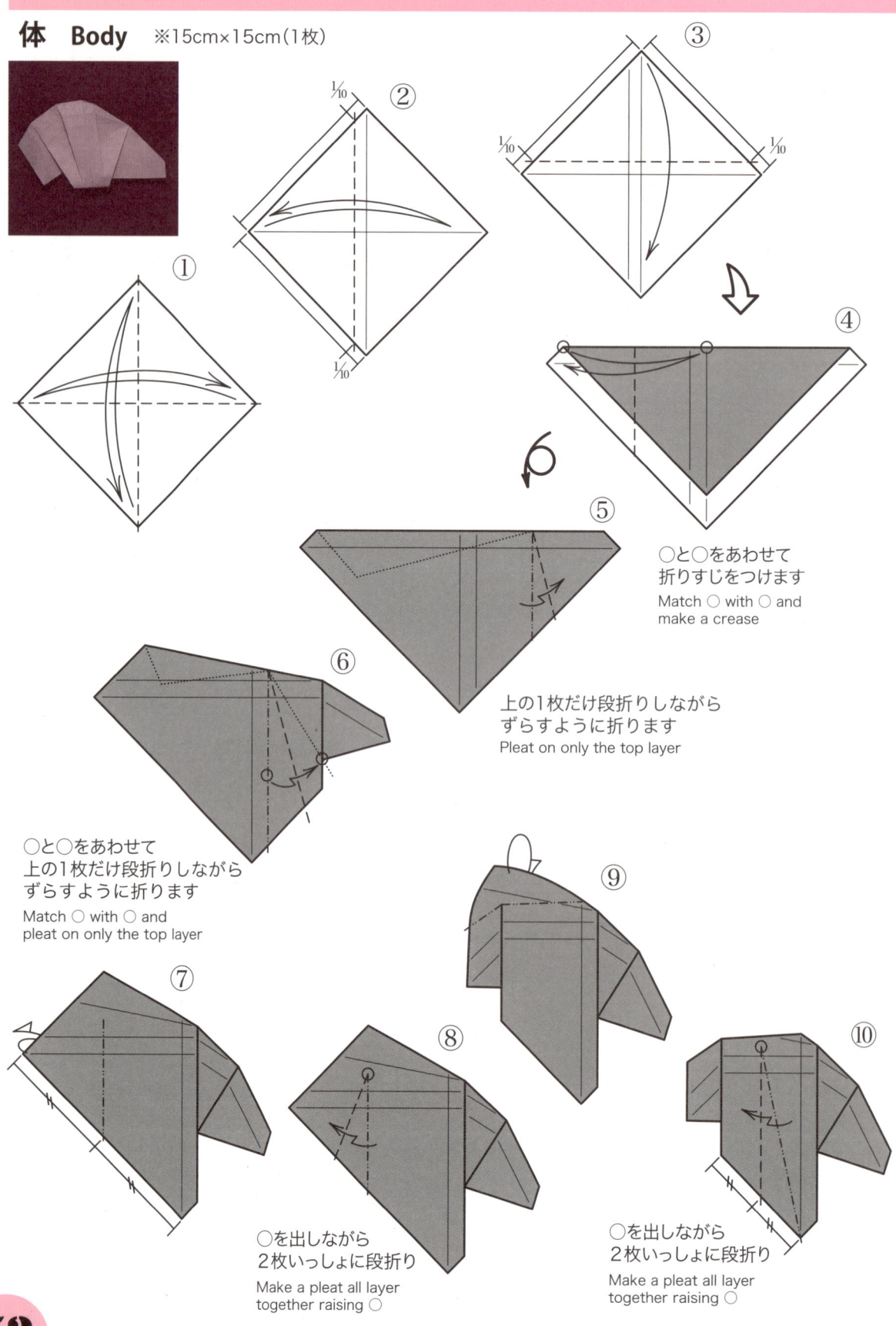

体 Body ※15cm×15cm（1枚）

○と○をあわせて
折りすじをつけます
Match ○ with ○ and make a crease

上の1枚だけ段折りしながら
ずらすように折ります
Pleat on only the top layer

○と○をあわせて
上の1枚だけ段折りしながら
ずらすように折ります
Match ○ with ○ and
pleat on only the top layer

○を出しながら
2枚いっしょに段折り
Make a pleat all layer
together raising ○

○を出しながら
2枚いっしょに段折り
Make a pleat all layer
together raising ○

52 新作家シリーズ3

足 Legs ※10cm×10cm（1枚）

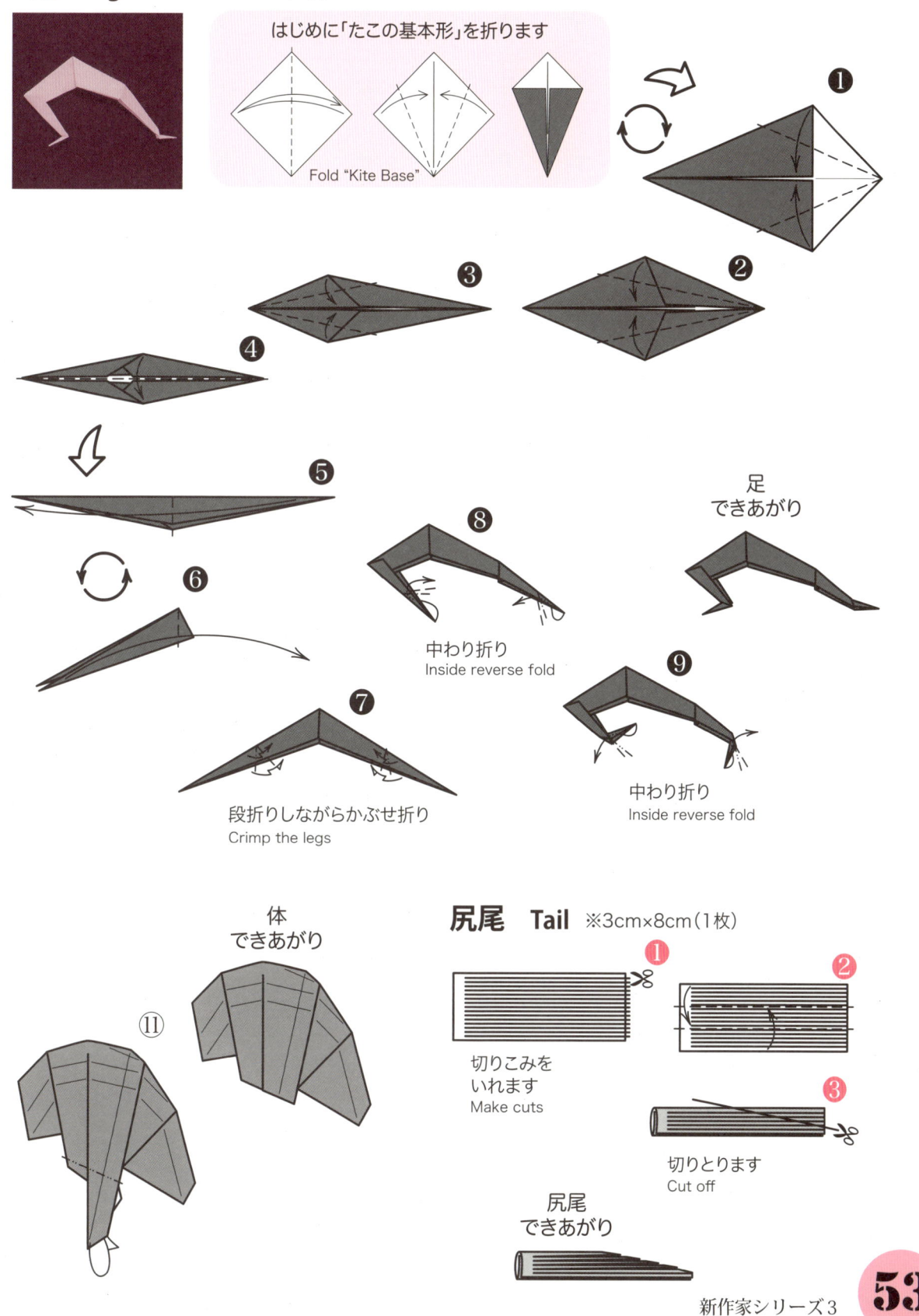

はじめに「たこの基本形」を折ります
Fold "Kite Base"

❶

❷

❸

❹

❺

❻

❼
段折りしながらかぶせ折り
Crimp the legs

❽
中わり折り
Inside reverse fold

❾
中わり折り
Inside reverse fold

足
できあがり

体
できあがり

⑪

尻尾 Tail ※3cm×8cm（1枚）

❶
切りこみを
いれます
Make cuts

❷

❸
切りとります
Cut off

尻尾
できあがり

新作家シリーズ3

53

Goldfish
金魚

7月　In July

（月刊おりがみ 287 号掲載）

使用する紙の大きさと枚数
Size and Number of sheets

＜金魚＞ Goldfish
　16cm × 16cm（1 枚）
　15cm × 15cm（1 枚）
＜藻＞ Waterweed
　1cm × 1cm（72 枚）
　1.2cm × 1.2cm（58 枚）
　こより Paper string…
　適当な長さのもの（4 本）

涼風を誘う金魚を折りました。今まで金魚の色紙作品を作るときは、水の流れが描かれている色紙を使ったり、ちぎり絵風に藻を貼ったりして、金魚だけを折っていましたが、今回は藻も折ってみました。典具帖で折り、透けて見えてくる模様で藻を表現しました。最後に尾びれを起こすように広げ、金魚に華やかさを添えましょう。　　　　　　　　　　　　　　　　（作者）

※典具帖：コウゾの繊維で作った、薄くて軟らかい和紙

The goldfish is a small ornamental fish. In the hot and humid summer, it makes us feel the cool. I used the transparent Japanese paper named *Tengujyo* for this waterweed.

新作家シリーズ3

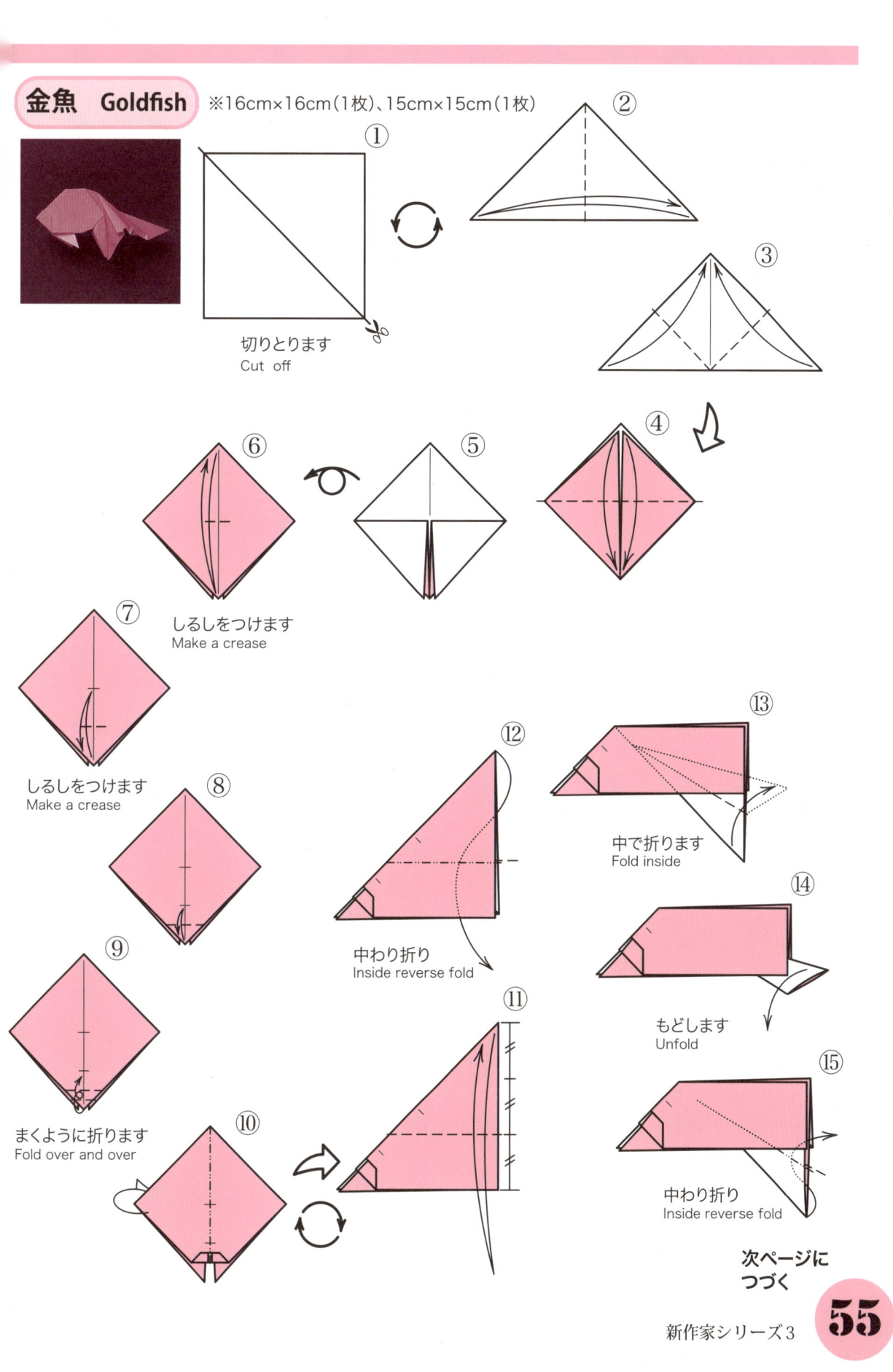

金魚　Goldfish

※16cm×16cm(1枚)、15cm×15cm(1枚)

① 切りとります
Cut off

②
③
④
⑤
⑥ しるしをつけます
Make a crease

⑦ しるしをつけます
Make a crease

⑧
⑨ まくように折ります
Fold over and over

⑩
⑪
⑫ 中わり折り
Inside reverse fold

⑬ 中で折ります
Fold inside

⑭ もどします
Unfold

⑮ 中わり折り
Inside reverse fold

次ページに
つづく

新作家シリーズ3

55

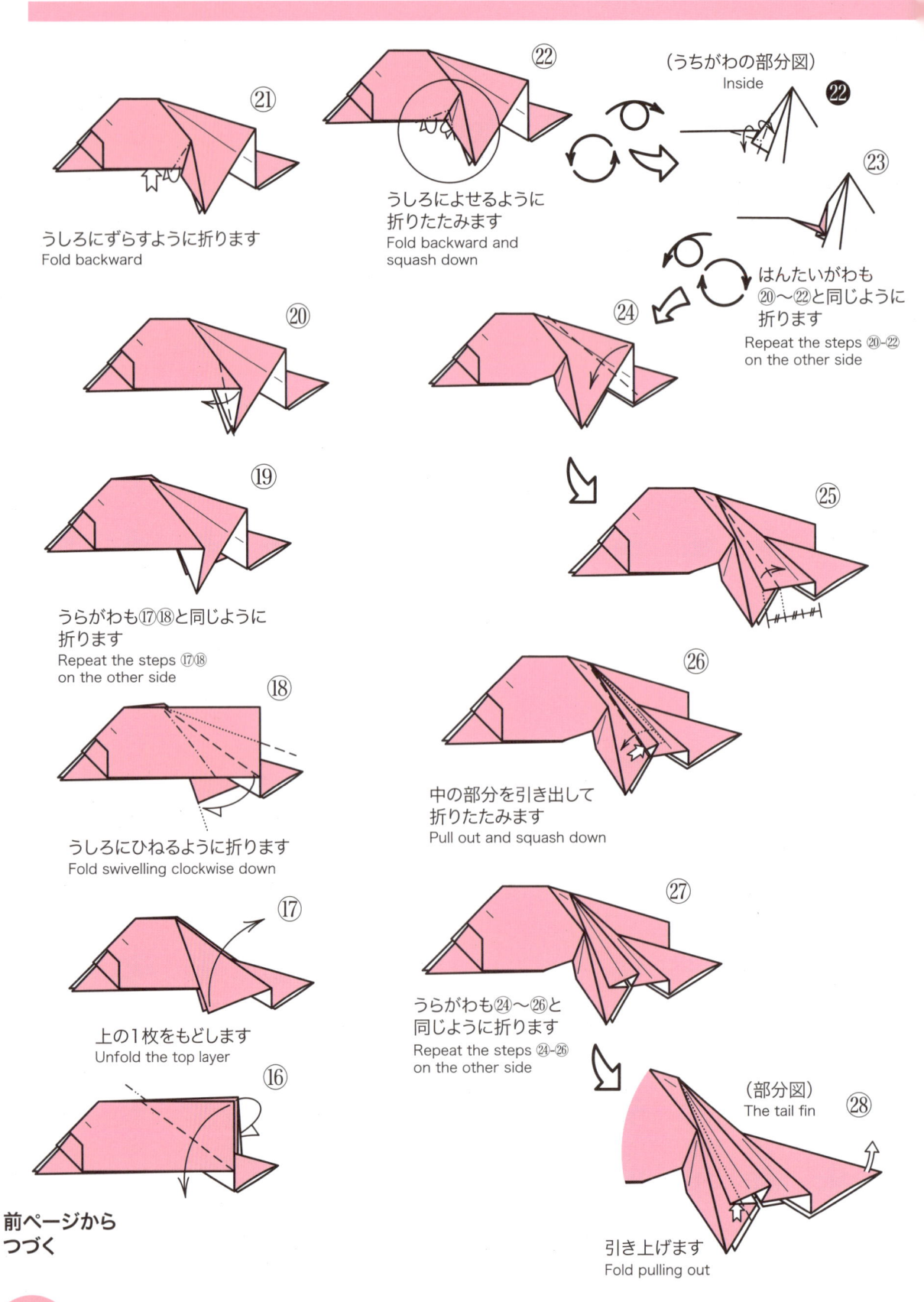

㉑ うしろにずらすように折ります
Fold backward

㉒ うしろによせるように折りたたみます
Fold backward and squash down

（うちがわの部分図）
Inside
㉒

㉓

㉔
はんたいがわも㉑〜㉒と同じように折ります
Repeat the steps ⑳-㉒ on the other side

⑳

⑲

㉕

うらがわも⑰⑱と同じように折ります
Repeat the steps ⑰⑱ on the other side

⑱ うしろにひねるように折ります
Fold swivelling clockwise down

㉖ 中の部分を引き出して折りたたみます
Pull out and squash down

⑰ 上の1枚をもどします
Unfold the top layer

㉗ うらがわも㉔〜㉖と同じように折ります
Repeat the steps ㉔-㉖ on the other side

⑯

前ページからつづく

（部分図）
The tail fin
㉘

引き上げます
Fold pulling out

56 新作家シリーズ3

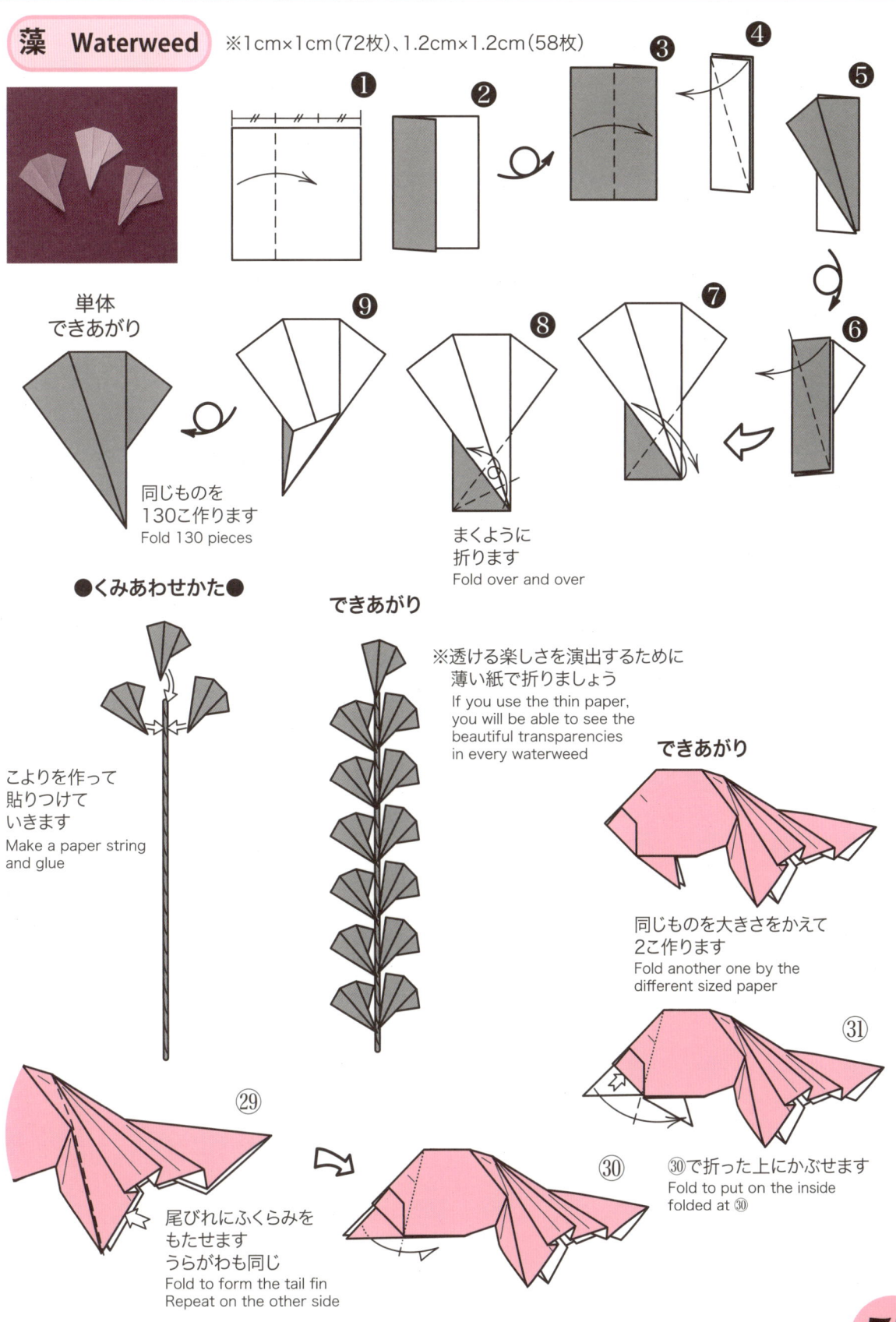

藻 Waterweed

※1cm×1cm(72枚)、1.2cm×1.2cm(58枚)

単体
できあがり

同じものを
130こ作ります
Fold 130 pieces

まくように
折ります
Fold over and over

●くみあわせかた●

こよりを作って
貼りつけて
いきます
Make a paper string
and glue

できあがり

※透ける楽しさを演出するために
薄い紙で折りましょう
If you use the thin paper,
you will be able to see the
beautiful transparencies
in every waterweed

できあがり

同じものを大きさをかえて
2こ作ります
Fold another one by the
different sized paper

㉙

尾びれにふくらみを
もたせます
うらがわも同じ
Fold to form the tail fin
Repeat on the other side

㉚

㉛

㉚で折った上にかぶせます
Fold to put on the inside
folded at ㉚

57

新作家シリーズ3

Hoping for world peace
世界に平和を

8月　In August

（月刊おりがみ 288 号掲載）

使用する紙の大きさと枚数
Size and Number of sheets

＜鳩＞ Dove
　2cm × 2cm
　　　～
　5cm × 5cm
　（59 ページ参照）

＜平和祈念像＞
　The peace statue

　像 Statue
　…20cm × 20cm（1 枚）
　服 clothes
　…15cm × 1.5cm（1 枚）
　台座 Plinth
　…10cm × 10cm（1 枚）

昭和20年春、当時女学生（中学3年生）だった私たちは、金沢航空へ学徒動員され、そこで広島、長崎に原爆が投下されたのを知り、終戦を迎えました。その後、公開された被爆地の写真は思わず眼を覆いたくなるような、恐ろしいものでした。

この作品は世界に永遠の平和を願って、制作しました。鳩はやさしく折れます。小さなお子様もいっぱい折ってください。
　　　　　　　　　　　　　　　　　　　　　　　　　　　　　　　（作者）

In Spring 1945, we the girl's students were mobilized to *Kanazawa* airport. We knew there that the atomic bombs had been dropped in *Hiroshima* city and *Nagasaki* city. I made this origami picture wishing for peace.

《平和祈念像》 The peace statue in *Nagasaki*
長崎市の平和公園内にあります。原爆犠牲者の慰霊と世界恒久平和の願いを込めて、昭和30年に建立されました。上を指した右手は原爆の脅威を、水平に伸ばした左手は平和を、軽くとじたまぶたは犠牲者の冥福を祈っていると言われています。　　　（資料提供：長崎市都市計画部　公園緑地課）

（写真提供：長崎観光お客様ネット事業実施委員会）

58　新作家シリーズ3

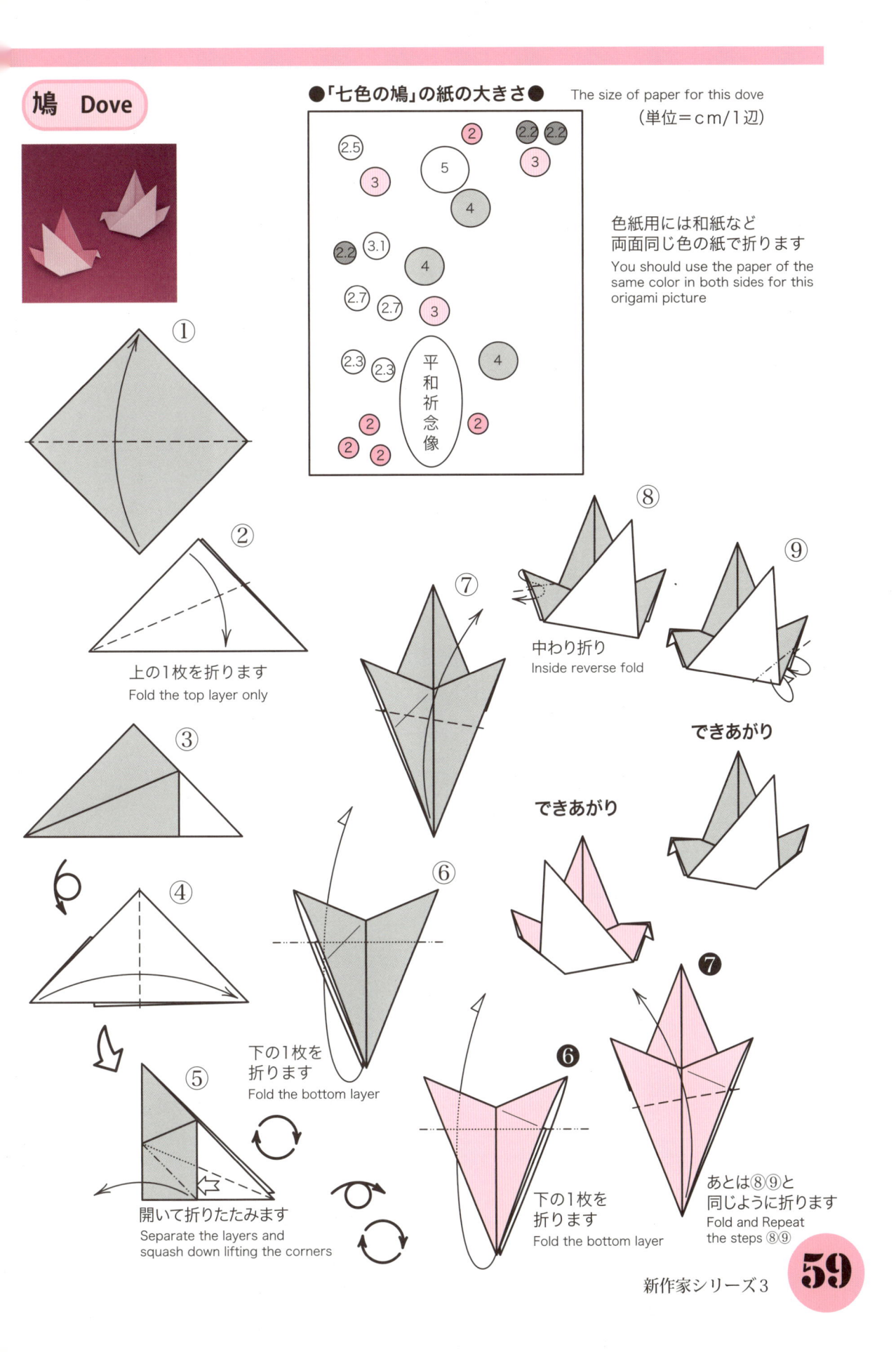

鳩 Dove

●「七色の鳩」の紙の大きさ● The size of paper for this dove
（単位＝cm/1辺）

色紙用には和紙など
両面同じ色の紙で折ります
You should use the paper of the same color in both sides for this origami picture

平和祈念像

①

② 上の1枚を折ります
Fold the top layer only

③

④

⑤ 開いて折りたたみます
Separate the layers and squash down lifting the corners

⑥ 下の1枚を折ります
Fold the bottom layer

⑦

⑥ 下の1枚を折ります
Fold the bottom layer

⑦ あとは⑧⑨と同じように折ります
Fold and Repeat the steps ⑧⑨

⑧ 中わり折り
Inside reverse fold

できあがり

できあがり

⑨

59 新作家シリーズ3

平和祈念像　The peace statue

像　Statue　※20cm×20cm（1枚）

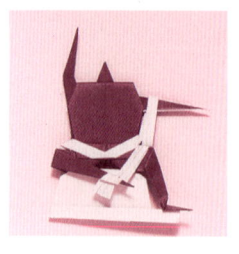

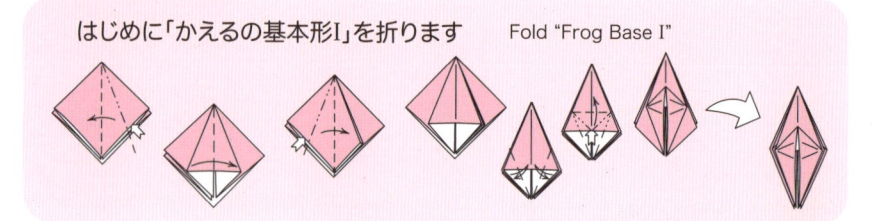

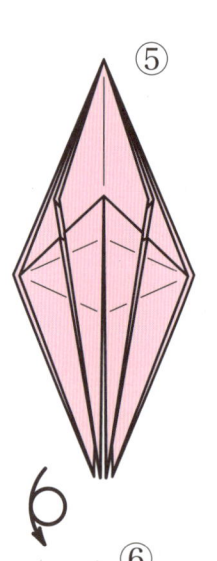

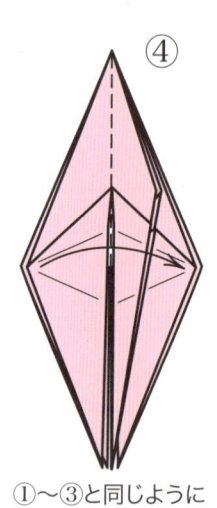

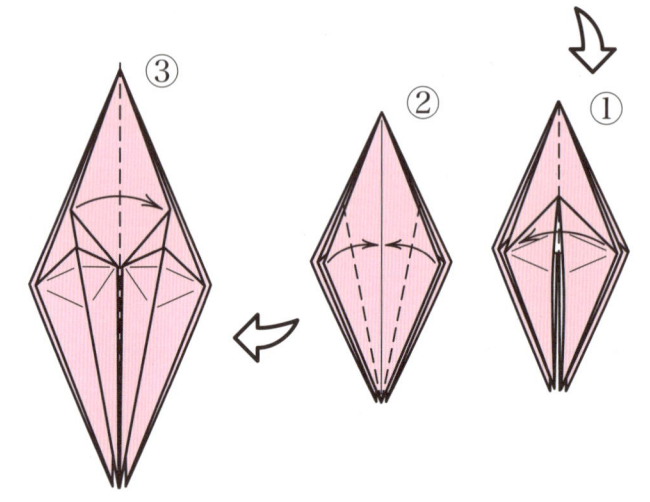

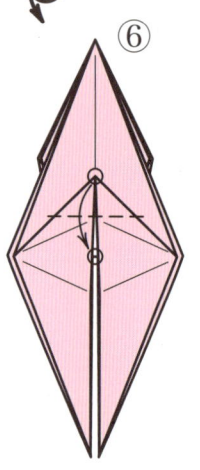

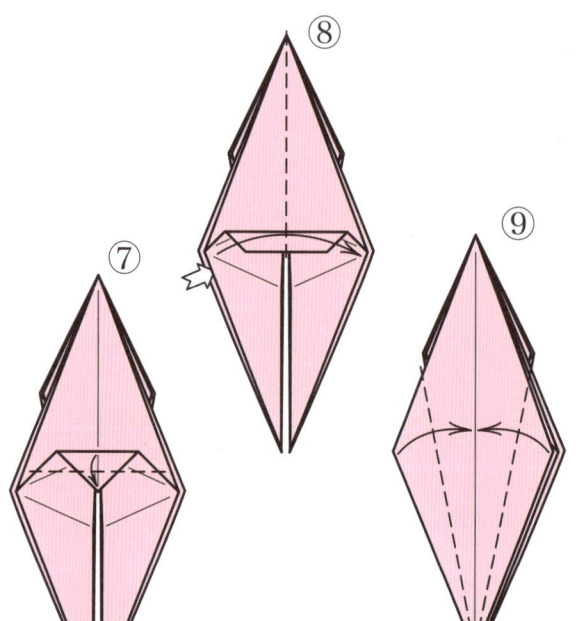

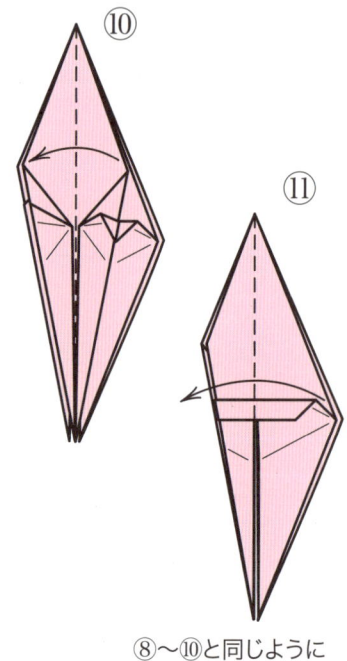

はじめに「かえるの基本形I」を折ります
Fold "Frog Base I"

①〜③と同じように折ります
Repeat the steps ①-③

○と○をあわせて折ります
Match ○ with ○ and fold

⑧〜⑩と同じように折ります
Repeat the steps ⑧-⑩

60　新作家シリーズ3

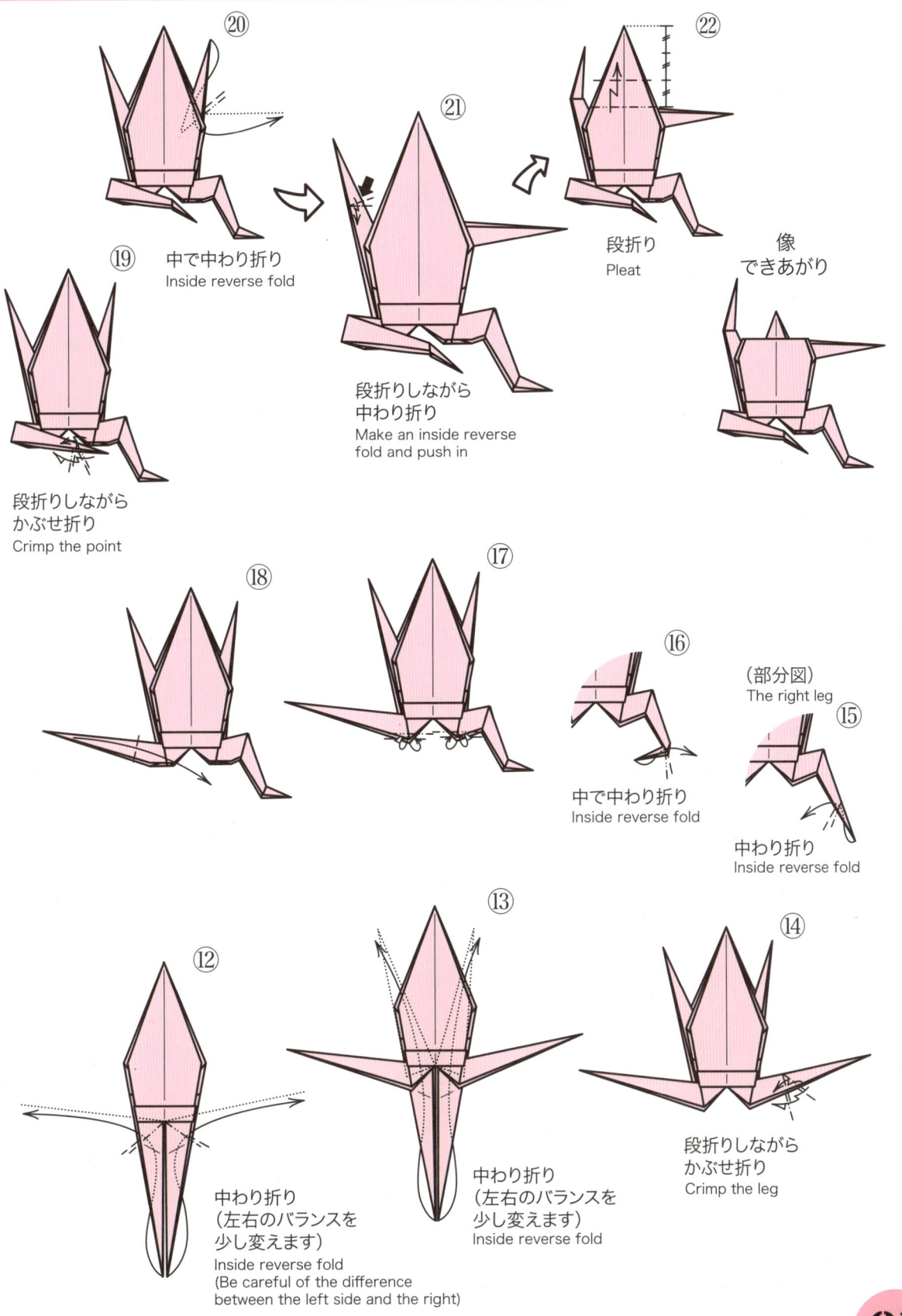

⑳ 中で中わり折り
Inside reverse fold

㉑ 段折りしながら
中わり折り
Make an inside reverse fold and push in

㉒ 段折り
Pleat

像
できあがり

⑲ 段折りしながら
かぶせ折り
Crimp the point

⑱

⑰

⑯ 中で中わり折り
Inside reverse fold

（部分図）
The right leg

⑮ 中わり折り
Inside reverse fold

⑫ 中わり折り
（左右のバランスを
少し変えます）
Inside reverse fold
(Be careful of the difference between the left side and the right)

⑬ 中わり折り
（左右のバランスを
少し変えます）
Inside reverse fold

⑭ 段折りしながら
かぶせ折り
Crimp the leg

新作家シリーズ3

61

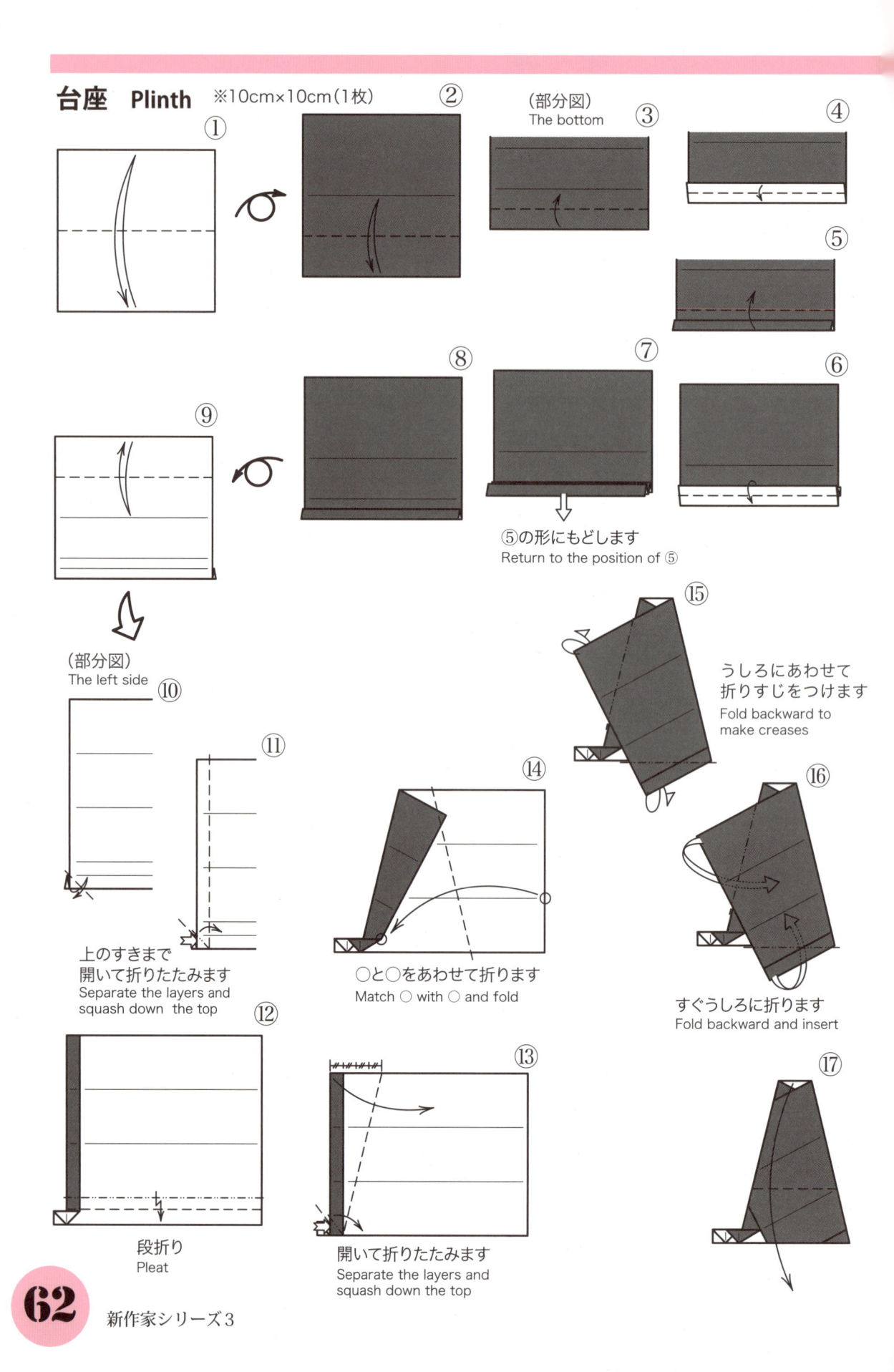

台座　Plinth　※10cm×10cm(1枚)

②

③ (部分図) The bottom

④

⑤

⑥

⑦ ⑤の形にもどします
Return to the position of ⑤

⑧

⑨

⑩ (部分図) The left side

⑪ 上のすきまで開いて折りたたみます
Separate the layers and squash down the top

⑫ 段折り Pleat

⑬ 開いて折りたたみます
Separate the layers and squash down the top

⑭ ○と○をあわせて折ります
Match ○ with ○ and fold

⑮ うしろにあわせて折りすじをつけます
Fold backward to make creases

⑯ すぐうしろに折ります
Fold backward and insert

⑰

62　新作家シリーズ3

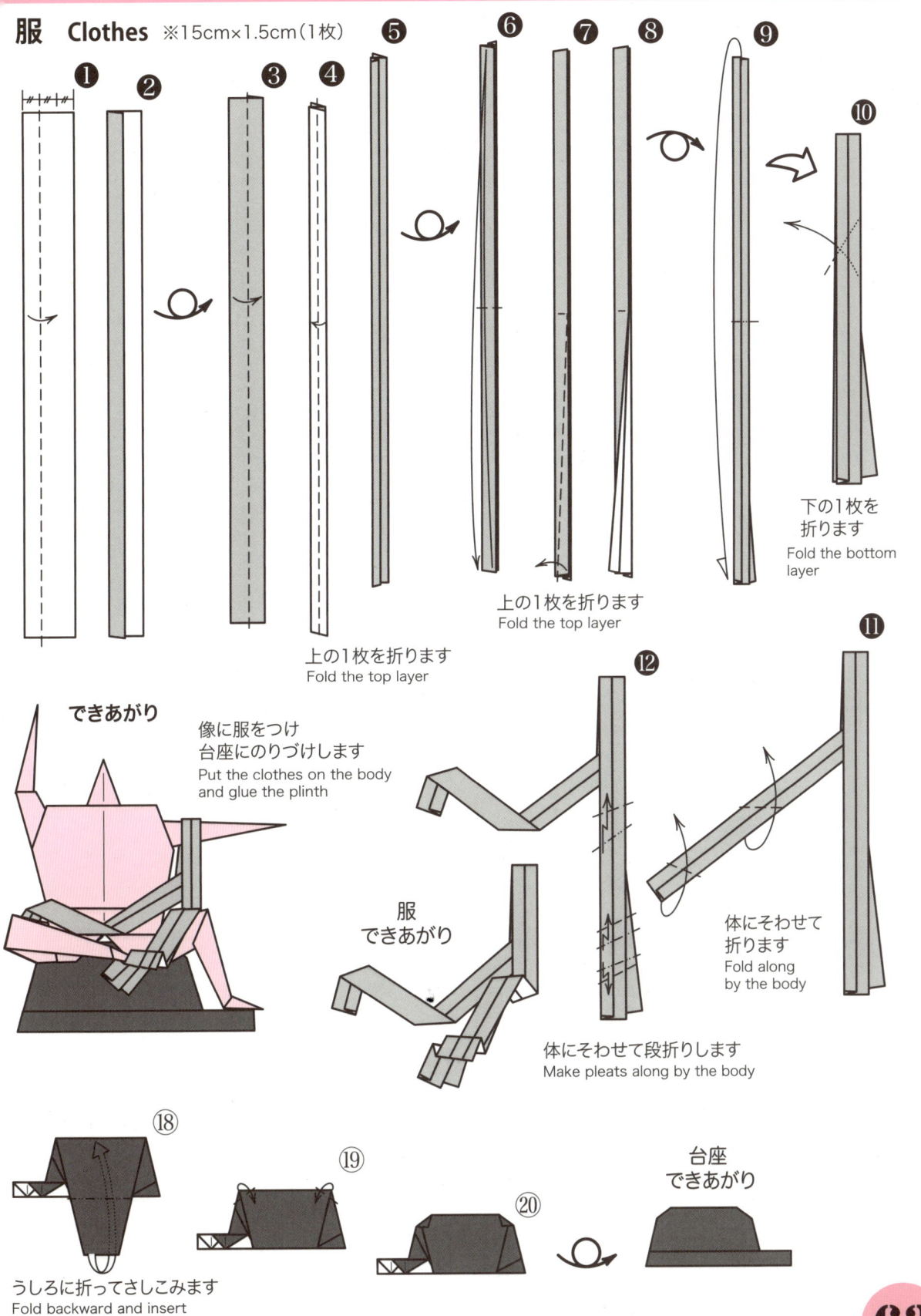

服 Clothes ※15cm×1.5cm（1枚）

① **②** **③** **④** **⑤** **⑥** **⑦** **⑧** **⑨** **⑩**

⑤ 上の1枚を折ります
Fold the top layer

⑥ 上の1枚を折ります
Fold the top layer

⑩ 下の1枚を折ります
Fold the bottom layer

⑪ 体にそわせて折ります
Fold along by the body

⑫ 体にそわせて段折りします
Make pleats along by the body

服 できあがり

できあがり
像に服をつけ台座にのりづけします
Put the clothes on the body and glue the plinth

⑱ うしろに折ってさしこみます
Fold backward and insert

⑲ **⑳**

台座 できあがり

新作家シリーズ3

63

Dragonflies
とんぼ

9月　In September

（月刊おりがみ 222 号掲載）

使用する紙の大きさと枚数
Size and Number of sheets

＜とんぼ＞ Dragonfly
　12cm × 12cm （1 枚）
　11cm × 11cm （1 枚）
＜ことじ灯籠＞ Garden lantern
　40cm × 8cm （1 枚）

「とんぼ」は軽やかさをだしたくて典具帖(てんぐじょう)で折りました。「ことじ灯籠(とうろう)」は、和紙を2枚貼り合わせて重量感を持たせ対比させてみました。灯籠は最初につけた折り線をめやすに折ってください。郷土を折り始めた頃の作品です。

（作者）

Kotoji toro is a garden stone lantern. We see it in *Kenroku-en* garden in *Kanazawa* city. *Kotoji* means bridges of *koto*, a Japanese 13 stringed harp. When I folded this *Kotoji toro*, I used the paper pasted two sheets of paper together to express the massive appearance. On the other hand, I used the thin Japanese paper for the dragonflies to express the lightness. I created them in the days when I began to express the scenes in my home town by folding.

《徽軫灯籠(ことじとうろう)》 *Kotoji toro*
石川県金沢市にある名園、兼六園の象徴ともなっている灯籠です。材質は花崗岩(かこうがん)。琴柱(ことじ)とは、琴の胴の上に立てて弦を支え、音の高低を調節する人字型の器具です。琴柱の形と同じように、江戸時代末期に霞ヶ池に設置されたときは、両脚の長さは同じでした。明治時代に一般開放されるようになって何者かに壊されて、現在のように片方が短い形になったと考えられています。1977年にはほぼ全壊、現在地に立つ灯籠は同じ寸法と材質で復元された二代目だそうです。壊れた脚は、徽軫灯籠のそばに横倒しで置かれているそうです。

新作家シリーズ3

とんぼ　Dragonfly

※12cm×12cm(1枚)、11cm×11cm(1枚)

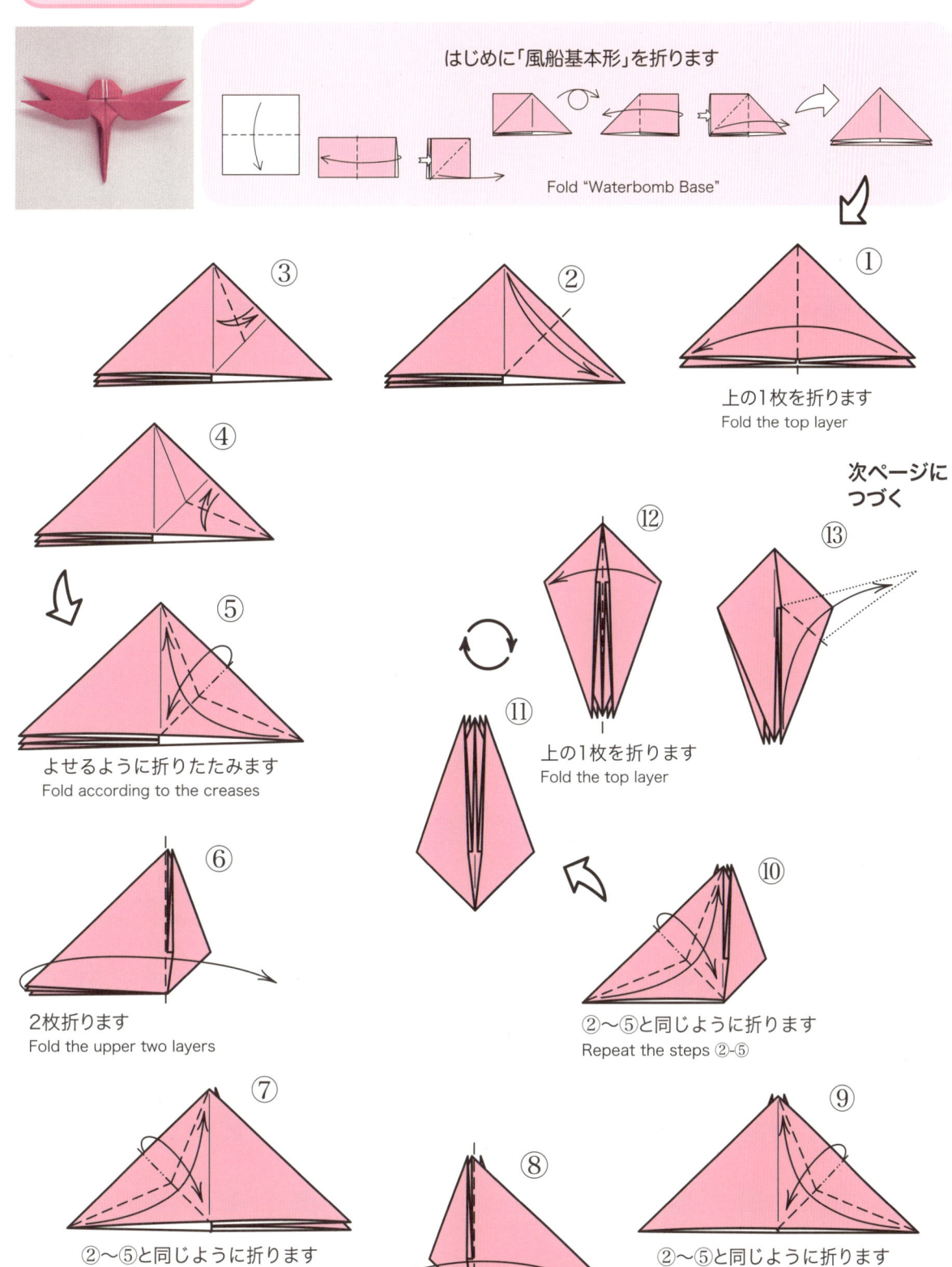

はじめに「風船基本形」を折ります

Fold "Waterbomb Base"

① 上の1枚を折ります
Fold the top layer

②

③

④

⑤ よせるように折りたたみます
Fold according to the creases

⑥ 2枚折ります
Fold the upper two layers

⑦ ②〜⑤と同じように折ります
Repeat the steps ②-⑤

⑧

⑨ ②〜⑤と同じように折ります
Repeat the steps ②-⑤

⑩ ②〜⑤と同じように折ります
Repeat the steps ②-⑤

⑪

⑫ 上の1枚を折ります
Fold the top layer

⑬

次ページにつづく

新作家シリーズ3

65

㉒ 上の1枚を折ります
Fold the top layer

㉓ ■の部分を つぶしながら折ります
Separate the layers and squashed ■ down

㉔ 上の1枚を折ります
Fold the top layer

㉑ 上の1枚を折ります
Fold the top layer

⑳ ■の部分を つぶしながら折ります
Separate the layers and squashed ■ down

前ページから つづく

⑭ 上の1枚を折ります
Fold the top layer

⑲ 上の1枚を折ります
Fold the top layer

(途中写真) The process of squashing

⑱

⑮

⑱ ■の部分を つぶしながら折ります
Separate the layers and squashed ■ down

⑯ ⑫〜⑮と同じ ように折ります
Repeat the steps ⑫-⑮

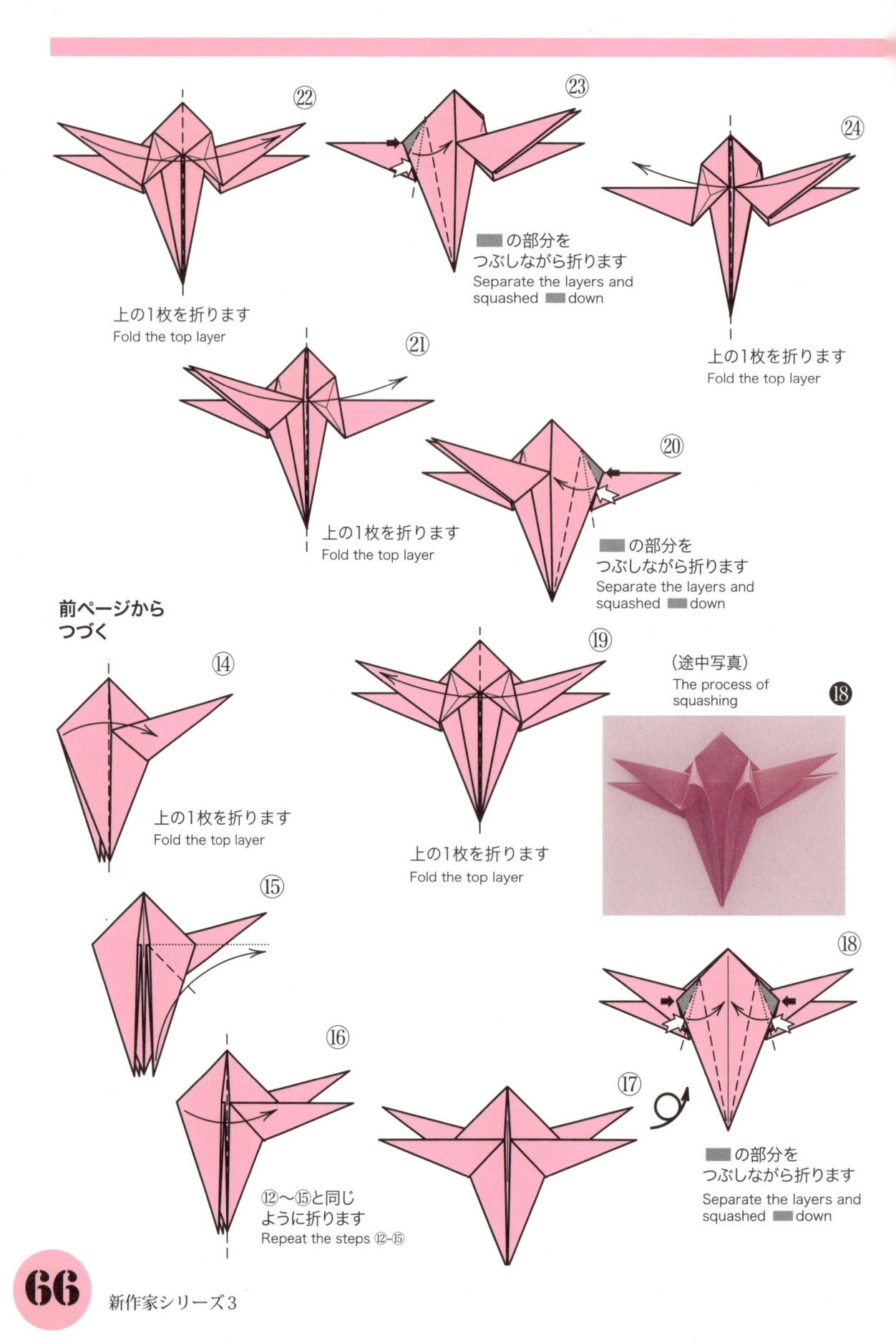

⑰

66 新作家シリーズ3

㉕

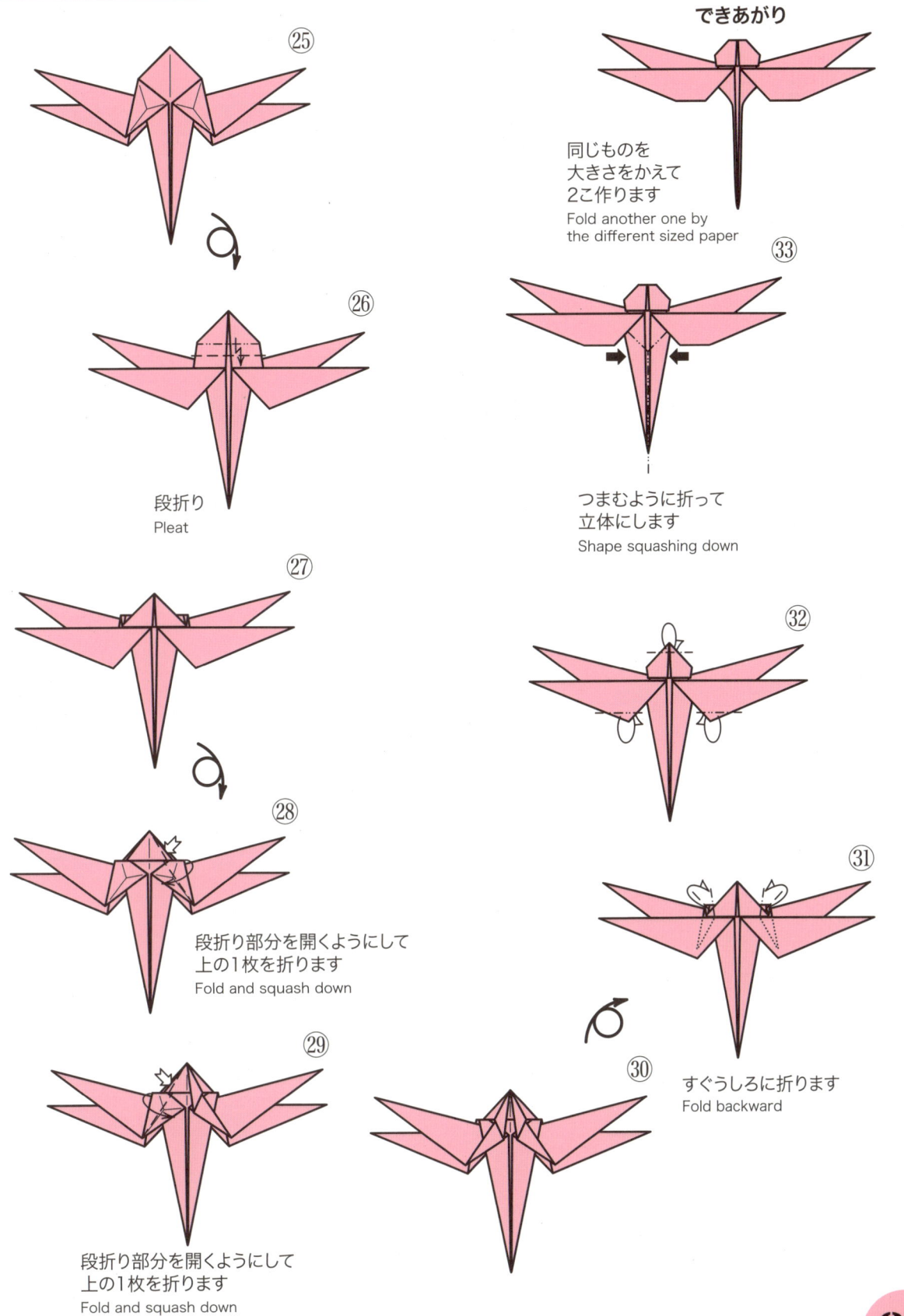

㉖

段折り
Pleat

㉗

㉘
段折り部分を開くようにして
上の1枚を折ります
Fold and squash down

㉙
段折り部分を開くようにして
上の1枚を折ります
Fold and squash down

㉚
すぐうしろに折ります
Fold backward

㉛

㉜

㉝
つまむように折って
立体にします
Shape squashing down

できあがり

同じものを
大きさをかえて
2こ作ります
Fold another one by
the different sized paper

新作家シリーズ3

67

ことじ灯篭　Garden lantern　※40cm×8cm（1枚）

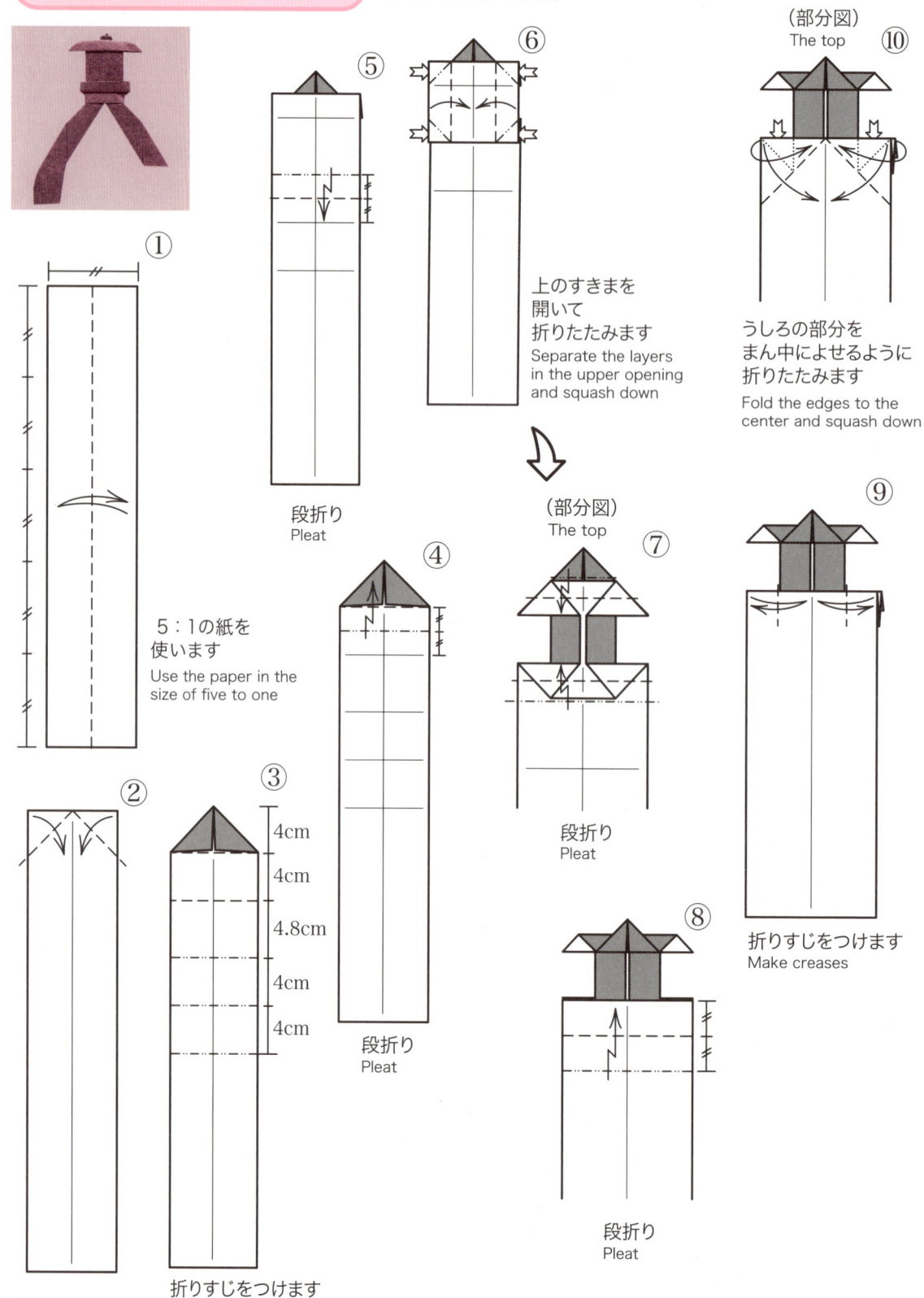

① Use the paper in the size of five to one
5:1の紙を使います

②

③ Make creases 折りすじをつけます
4cm / 4cm / 4.8cm / 4cm / 4cm

④ Pleat 段折り

⑤ Pleat 段折り

⑥ Separate the layers in the upper opening and squash down
上のすきまを開いて折りたたみます

(部分図) The top

⑦ Pleat 段折り

⑧ Pleat 段折り

⑨ Make creases 折りすじをつけます

⑩ (部分図) The top
Fold the edges to the center and squash down
うしろの部分をまん中によせるように折りたたみます

新作家シリーズ3

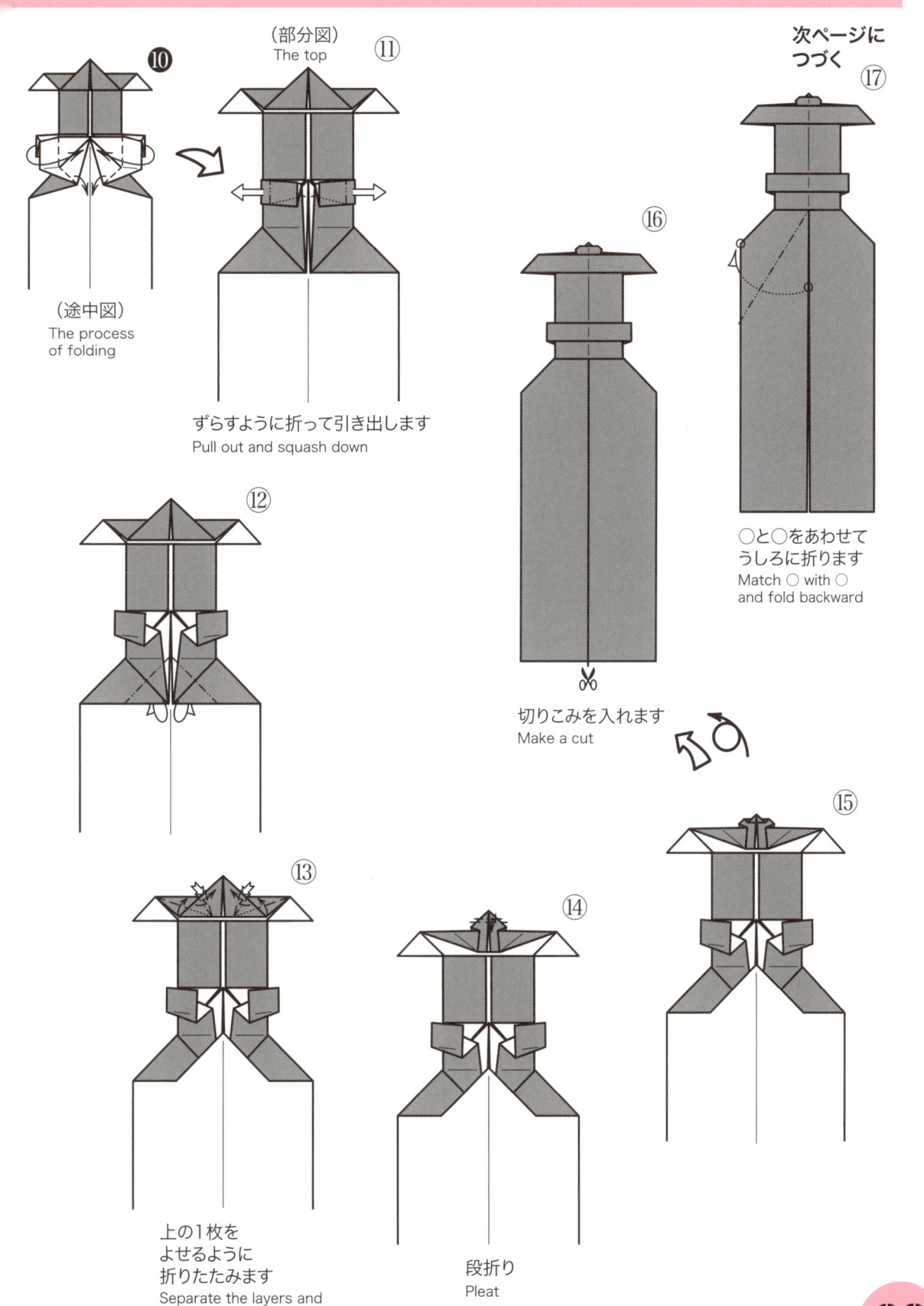

⑩ (途中図) The process of folding

⑪ (部分図) The top
ずらすように折って引き出します
Pull out and squash down

⑯
切りこみを入れます
Make a cut

⑰ 次ページにつづく
○と○をあわせてうしろに折ります
Match ○ with ○ and fold backward

⑫

⑬ 上の1枚をよせるように折りたたみます
Separate the layers and squash down

⑭ 段折り
Pleat

⑮

69
新作家シリーズ3

前ページから
つづく

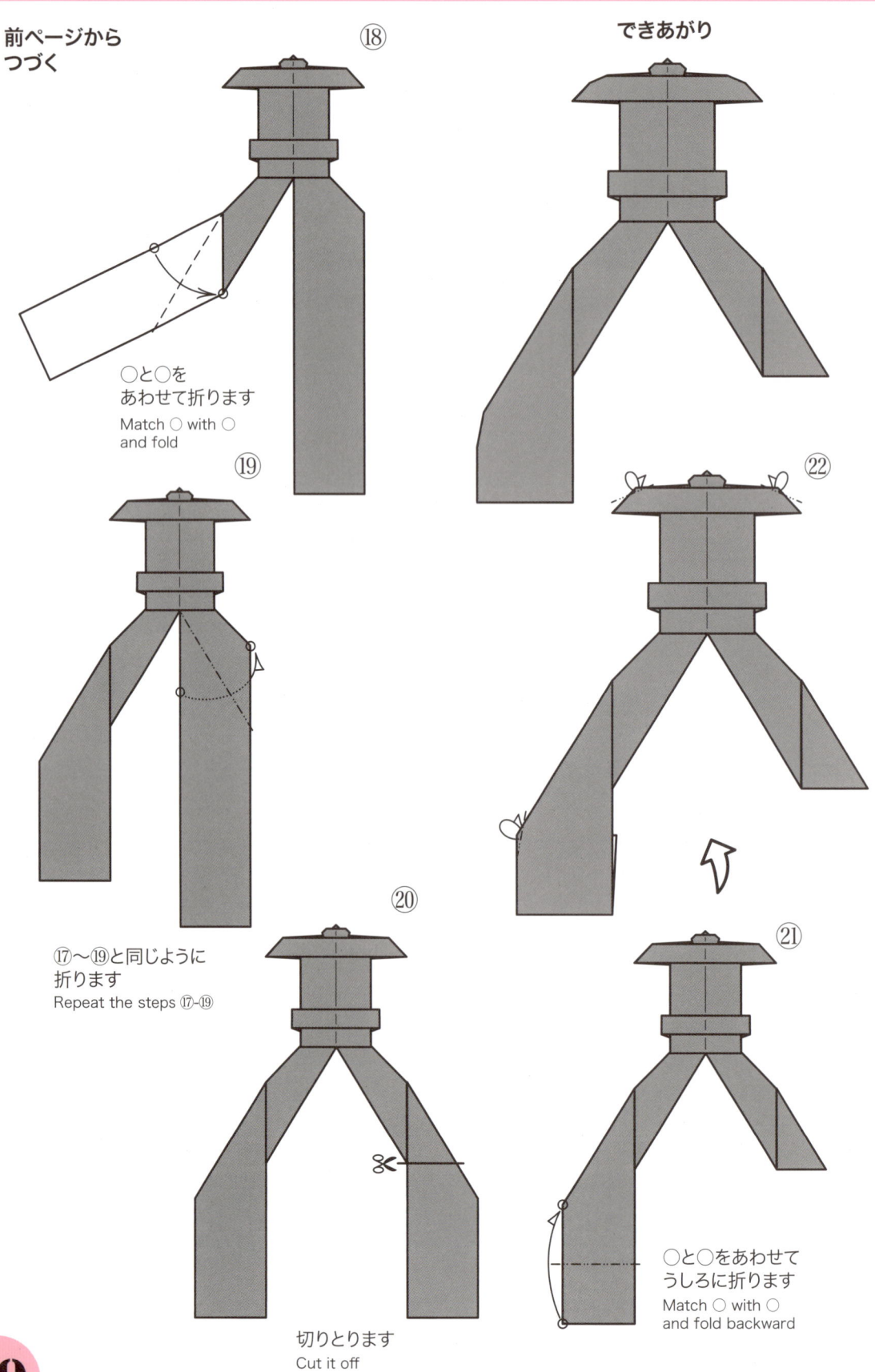

⑱

○と○を
あわせて折ります
Match ○ with ○
and fold

できあがり

⑲

⑰〜⑲と同じように
折ります
Repeat the steps ⑰-⑲

⑳

切りとります
Cut it off

㉑

○と○をあわせて
うしろに折ります
Match ○ with ○
and fold backward

㉒

紅葉

Red leaves

10月　In October

（月刊おりがみ 290 号掲載）

使用する紙の大きさと枚数
Size and Number of sheets
＜もみじ＞ Maple leaf
　12cm × 12cm（7枚）
　11cm × 11cm（1枚）
　10cm × 10cm（2枚）
＜三重塔＞ Three-storied Pagoda
　上の塔 Third story
　…6.5cm × 6.5cm（1枚）
　中の塔 Second story
　…7cm × 7cm（1枚）
　下の塔 First story
　…8cm × 8cm（1枚）
　尖塔 Spire
　…5cm × 1cm（1枚）

もみじは私の一番好きな作品です。それに何を組ませようかと迷ったのですが、那谷寺の紅葉の美しさを思い出し、再度訪れて三重塔に決めました。もみじの仕上げは、指、目打ち、つまようじなど何を使ってもよいですから、説明通りに押し出して、しっかりつまんでください。本物のもみじらしくなります。色紙作品をお作りにならない方も、もみじだけは折っていただけるとうれしいのですが…。
(作者)

This maple leaf is my favorite model. *Nata-dera* temple is located in *Ishikawa* prefecture and have a three-storied pagoda. In Autumn it is surrounded by the beautiful red leaves. Please shape to push out the portion between the leaves and stem by using any your fingers, a stiletto, or a pick from the reverse side when you complete this maple leaf.

《那谷寺》
石川県小松市内にあり、奈良時代の初め、泰澄法師によって開かれました。色紙作品になっている三重塔は、国指定の重要文化財です。三層とも扇垂木が用いられており、四方にある扉や壁面に 20 態の唐獅子や菊花が彫られていて、美しい、趣のある塔です。

新作家シリーズ3

もみじ　Maple leaf

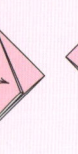

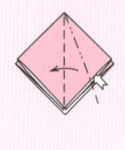

はじめに「かえるの基本形I」を折ります　Fold "Frog Base I"

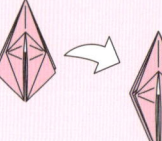

※12cm×12cm（7枚）
　11cm×11cm（1枚）
　10cm×10cm（2枚）

① 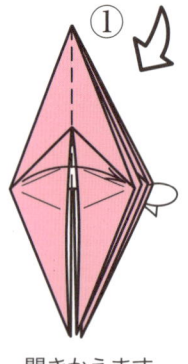 開きかえます
Rotate the flaps

② 上の1枚を折ります
Fold the top layer

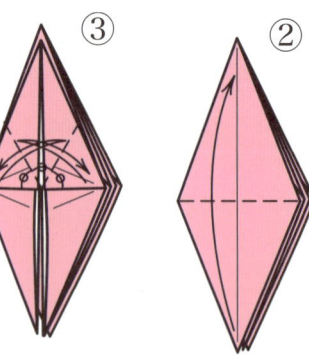

③

④ 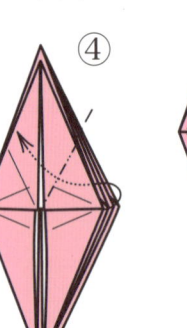 中わり折り
Inside reverse fold

⑤ 中わり折り
Inside reverse fold

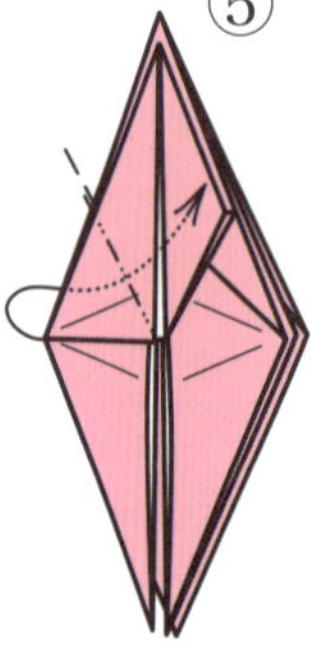

⑥ 上の1枚を折ります
Fold the top layer

⑦ 中の三角を折り下げます
Draw down the triangular inside

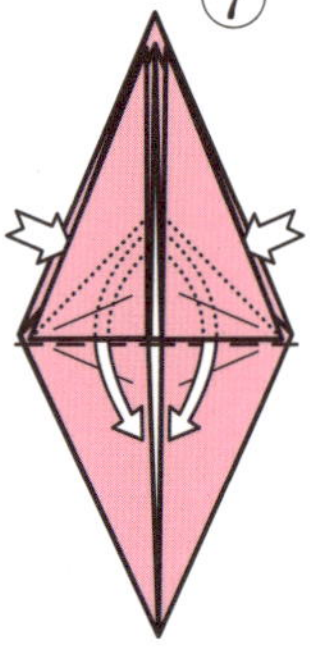

⑧ 上の1枚を折ります
Fold the top layer

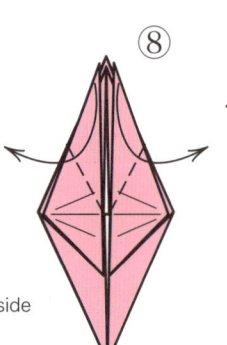

⑨ もどします
Unfold

⑩ 開いて折りたたみます
Separate the layers and squash down

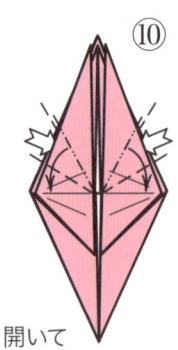

⑪

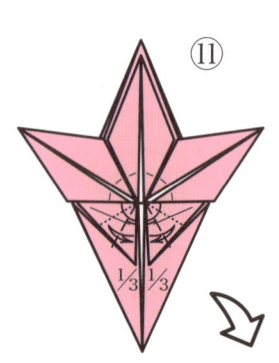

⑫ 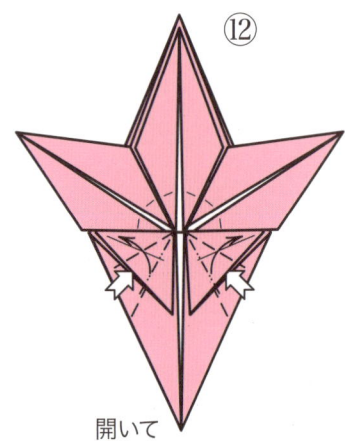 開いて折りたたみます
Separate the layers and squash down

72　新作家シリーズ3

⑳

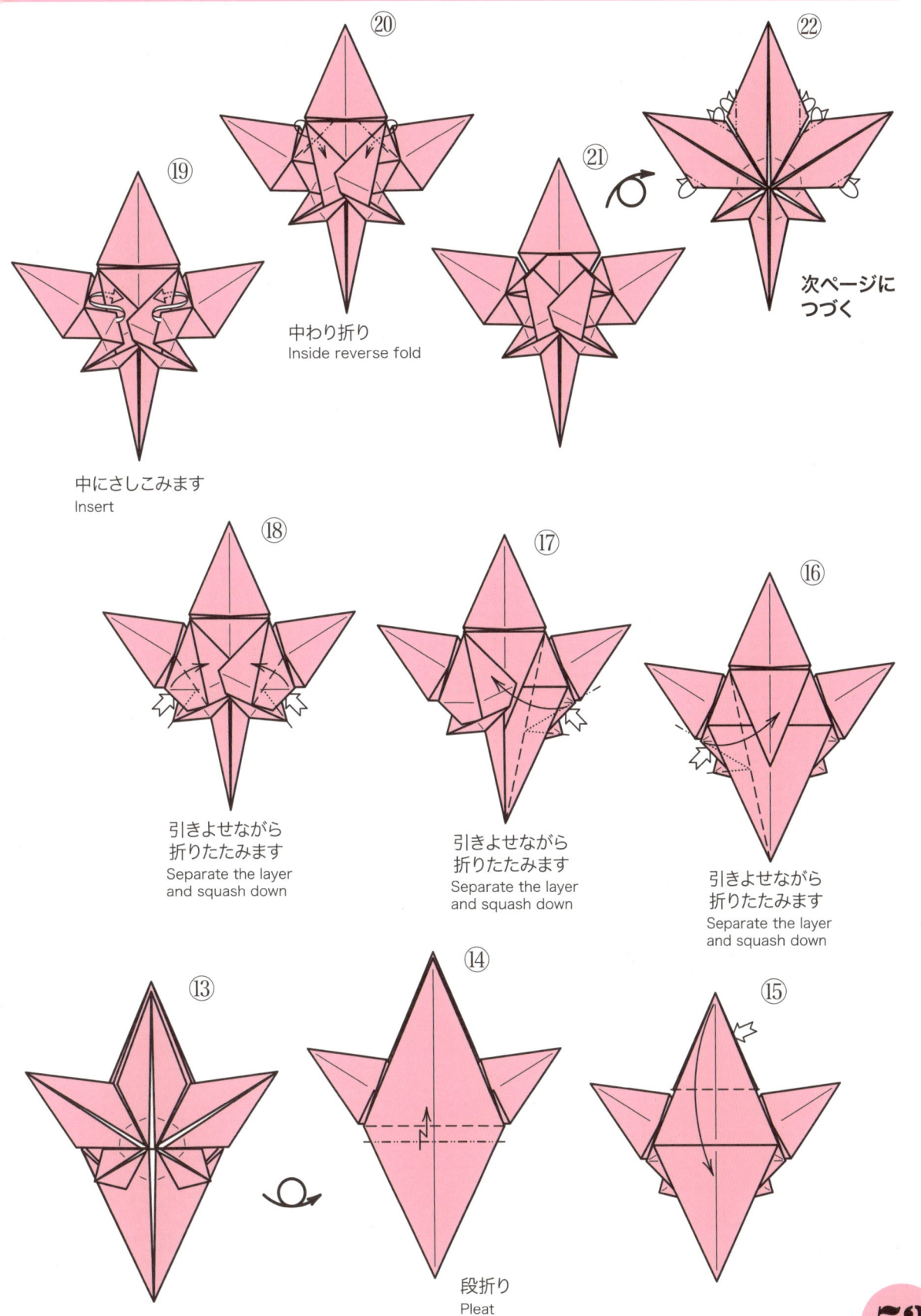

㉒

⑲

中わり折り
Inside reverse fold

㉑

次ページに
つづく

中にさしこみます
Insert

⑱

⑰

⑯

引きよせながら
折りたたみます
Separate the layer
and squash down

引きよせながら
折りたたみます
Separate the layer
and squash down

引きよせながら
折りたたみます
Separate the layer
and squash down

⑬

⑭

⑮

段折り
Pleat

新作家シリーズ3

73

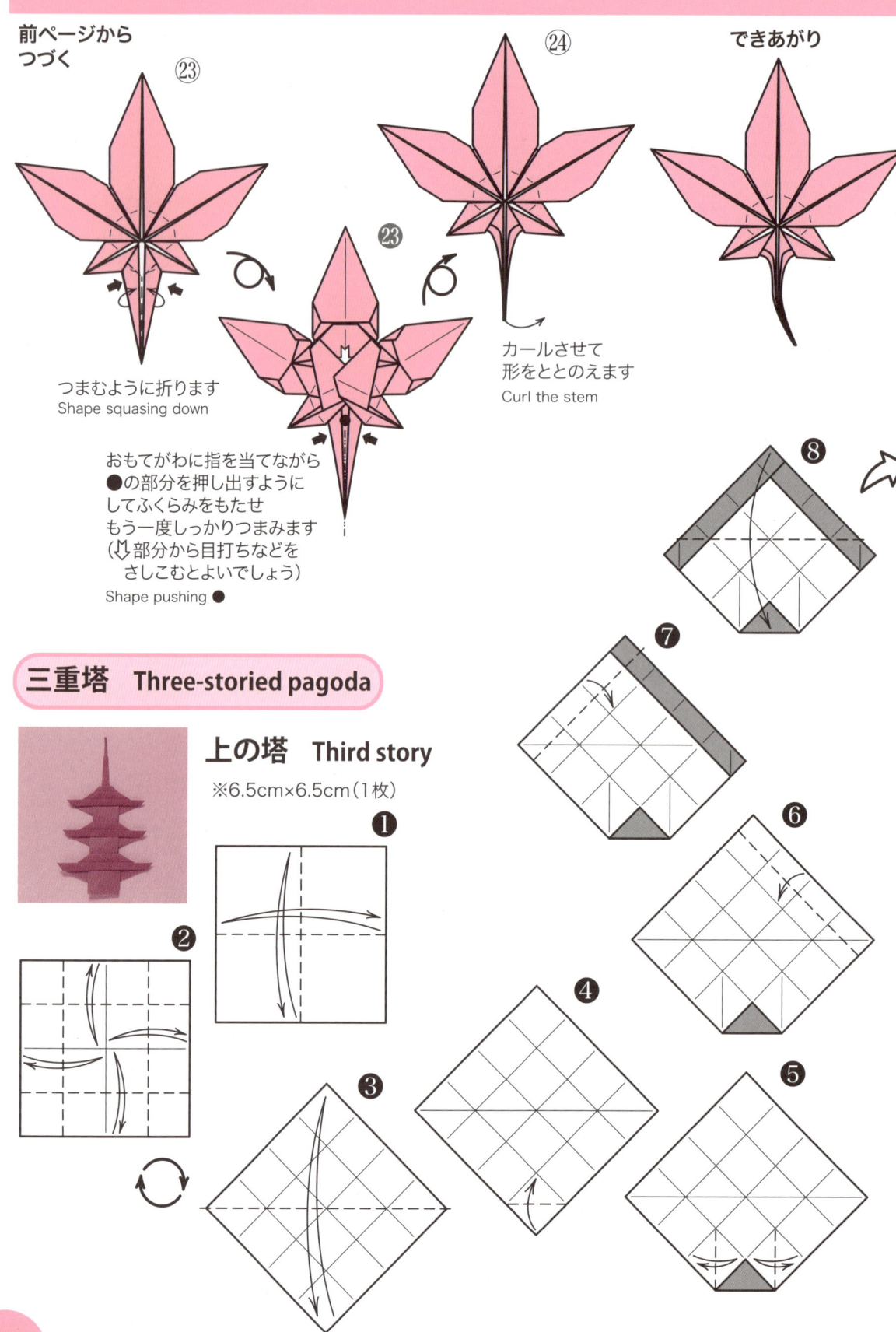

前ページから
つづく

㉓

㉔

できあがり

つまむように折ります
Shape squasing down

㉓

おもてがわに指を当てながら
●の部分を押し出すように
してふくらみをもたせ
もう一度しっかりつまみます
(⇩部分から目打ちなどを
さしこむとよいでしょう)
Shape pushing ●

カールさせて
形をととのえます
Curl the stem

三重塔　Three-storied pagoda

上の塔　Third story

※6.5cm×6.5cm（1枚）

❶
❷
❸
❹
❺
❻
❼
❽

74　新作家シリーズ3

⑪ 中にさしこみます
Insert

⑫ ○と○をあわせて折ります
Match ○ with ○ and fold

⑭ 上の1枚だけ折ります
Fold the top layer only

⑳ 段折り
Pleat

次ページにつづく

中と下の塔
First and Second story

※7cm×7cm(1枚)
　8cm×8cm(1枚)

⑯ 交点より少し下の部分とあわせて折ります
Match ○ with ○ and fold
(Be careful of the position of the lower ○)

⑰ ずらしながら折りたたみます
Separate the layers and squash down

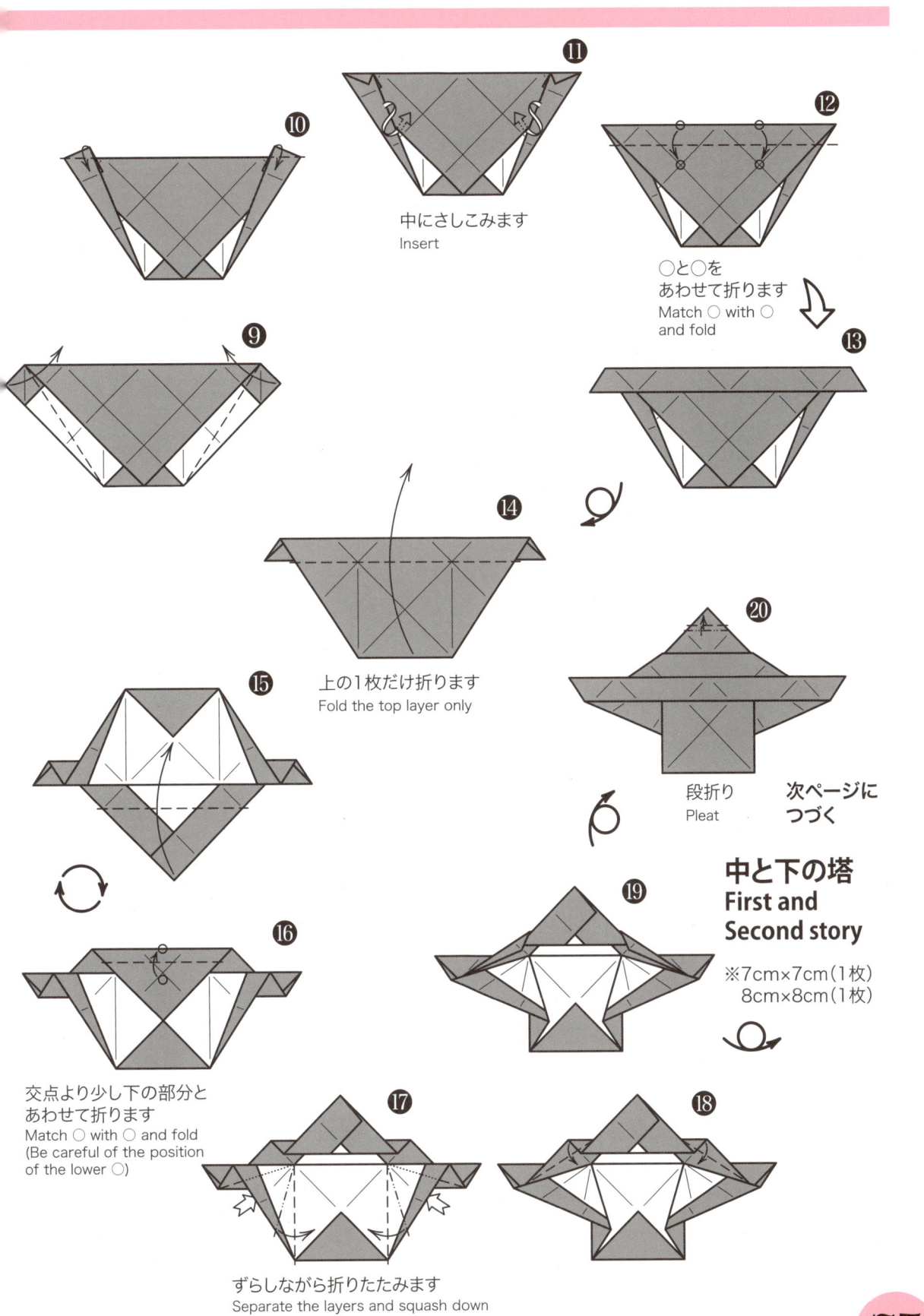

75

新作家シリーズ3

尖塔　Spire　　※5cm×1cm（1枚）

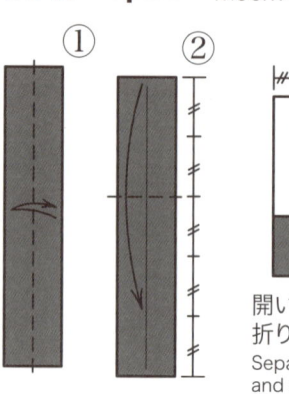

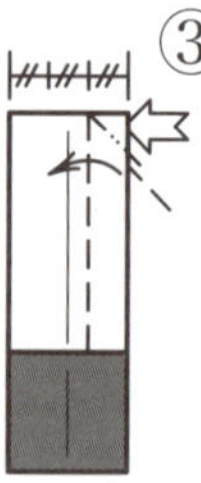

③ 開いて折りたたみます
Separate the layer and squash down

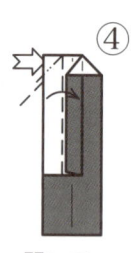

④ 開いて折りたたみます
Separate the layer and squash down

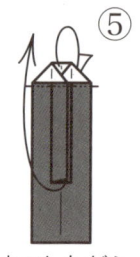

⑤ おこしながら折ります
Fold raising the top layer

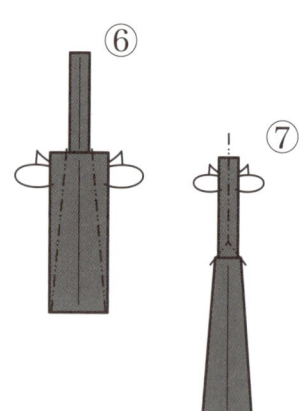

⑥ 尖塔できあがり

⑦ まるみをつけながらほそくします
Shape

上の塔できあがり

前ページからつづく

中と下の塔できあがり

同じものを大きさを変えて2こ作ります
Fold another model by the different sized paper

●くみあわせかた●
Assembly

下から順に貼りあわせます
Glue

できあがり

76　新作家シリーズ3

落ち葉掃き
Sweeping up fallen leaves

11月　In November

(月刊おりがみ 291 号掲載)

使用する紙の大きさと枚数
Size and Number of sheets

<女の人> Woman
　頭 Head
　…7.5cm × 7.5cm（1 枚）
<着物> Kimono
　茶羽織 Upper haif
　…15cm × 15cm（1 枚）
　下の部分 Lower half
　…15cm × 15cm（1 枚）
　帯 Band
　…4.5cm × 4.5cm（1 枚）
　手 Hands
　…2.5cm × 2.5cm（2 枚）
　たび Japanese socks
　…3cm × 3cm（2 枚）
　ぞうり Japanese sandals
　…4.5cm × 4.5cm（2 枚）
<竹ぼうき> Broom
　柄 Broomstick
　…9cm × 1.5cm（1 枚）
　下の部分 Broom
　…10cm × 4cm（1 枚）
　こより Paper string
　…約 10cm
<落ち葉> Fallen leaf
2cm × 2cm（20 枚）
※ぞうりの折り方は P43〜44 に掲載されています。
You will find the diagram of Japanese sandals on page 43-44.

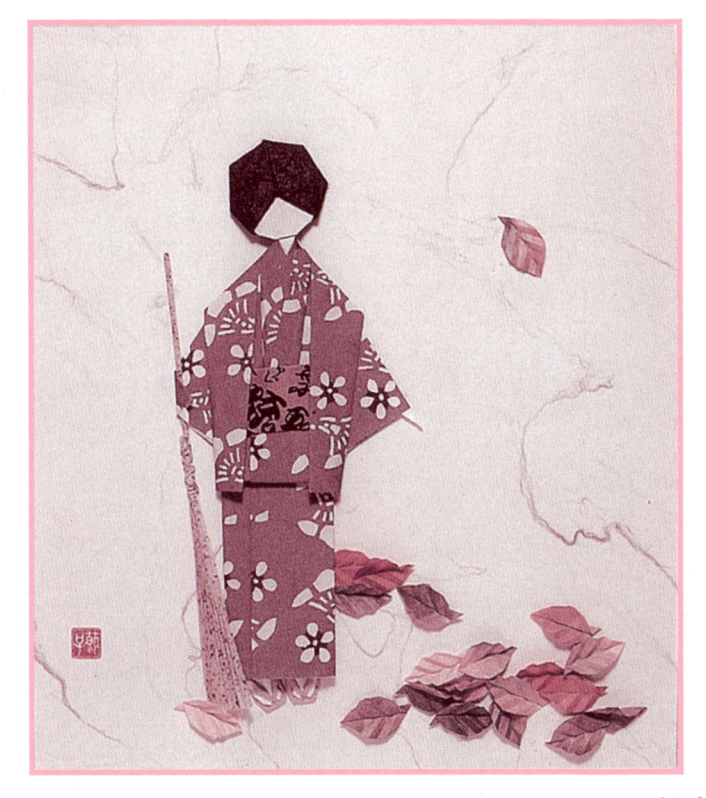

落ち葉の季節に母の姿をかさねて折りました。着物は茶羽織を羽織ったように仕上げています。羽織の⓰あたりまで、似たような折り方が続きます。山・谷・段折り線、矢印などの記号に注意して折り進んでください。　　　　　　　　　（作者）

Fallen leaves in late autumn reminds me of my mother. I made this origami picture, recalling that she had sweeped up dead leaves with a broom.

「こより」の作り方
how to make a paper string

P44、P57、P84、P102 で使います

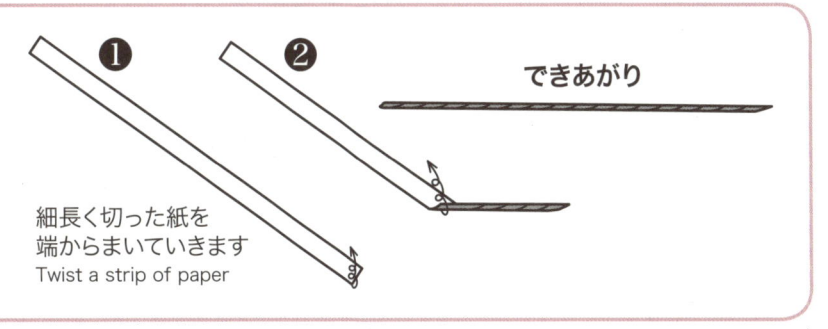

❶ 細長く切った紙を端からまいていきます
Twist a strip of paper

❷

できあがり

新作家シリーズ3

77

女の人　Woman

頭　Head

※7.5cm×7.5cm（1枚）

①

②

③

④

⑤ 上の1枚をずらすように段折り
Pleat only on the top layer

⑥

⑦ 中わり折り
Inside reverse fold

⑧ 上の1枚を折ります
Fold the top layer

⑨ うしろに折ってさしこみます
Fold backward and insert

⑩ （うちがわから見たところ）
Inside

⑩ 少しあけて ○と○をあわせて折ります
Match ○ with ○ and fold leaving the little space

⑪

⑫ もどします
Unfold

⑬

⑭ ⑪〜⑬と同じように折ります
Repeat the steps ⑪-⑬

⑮ ○と○をあわせて折ります
Match ○ with ○ and fold

⑯

⑰

⑱ （部分図）The lower part
ずらすように折りたたみます
Separate the layers and squash down

78　新作家シリーズ3

頭
できあがり

着物 *kimono*

茶羽織　Upper half　※15cm×15cm（1枚）

上の1枚だけ
折りすじをつけます
Make a crease only on the top layer

開きます
Unfold

段折り
Pleat

もどします
Unfold

段折り
Pleat

段折り
Pleat

折り下げます
Unfold

次ページに
つづく

新作家シリーズ3

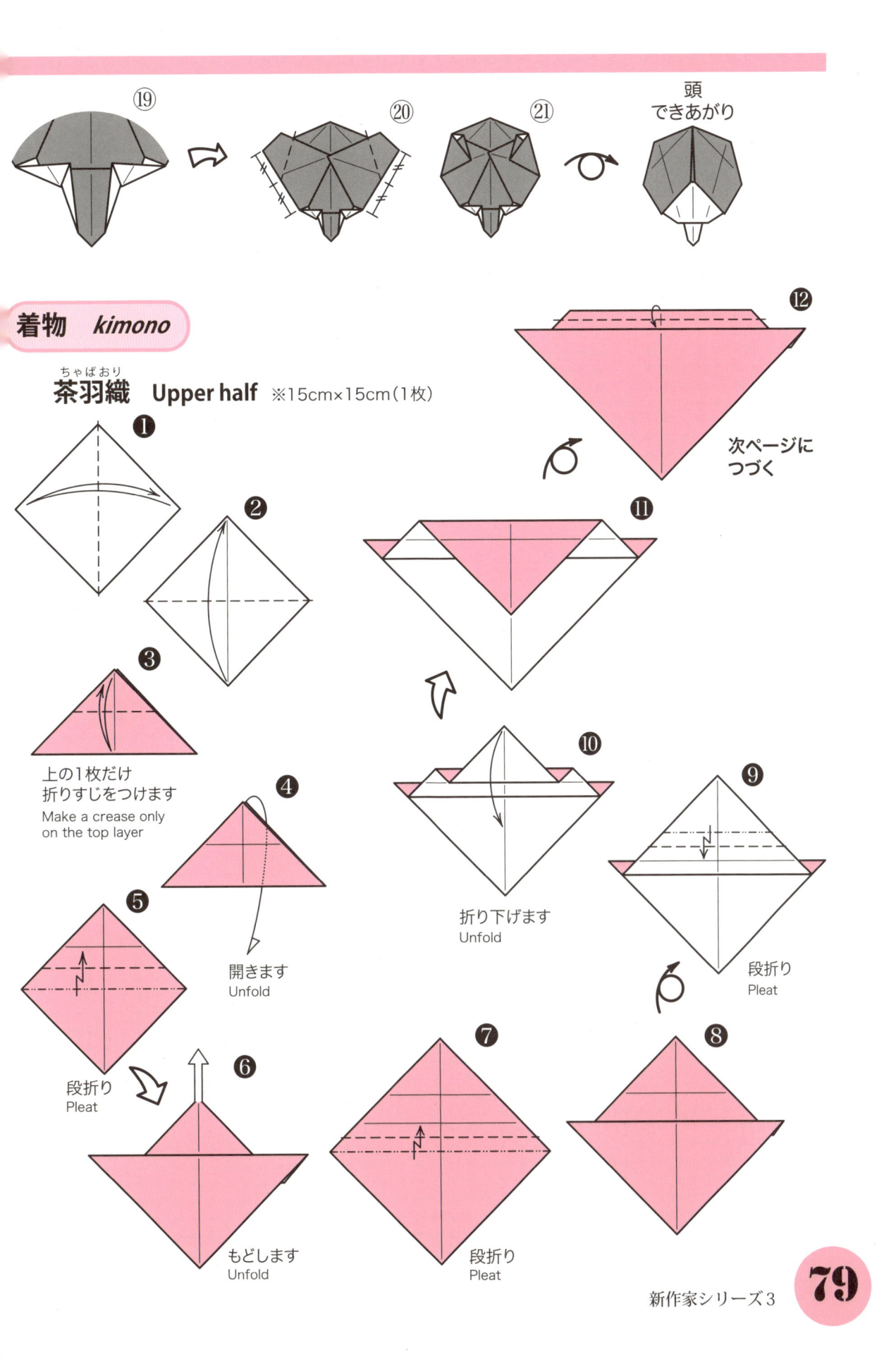

79

前ページから
つづく

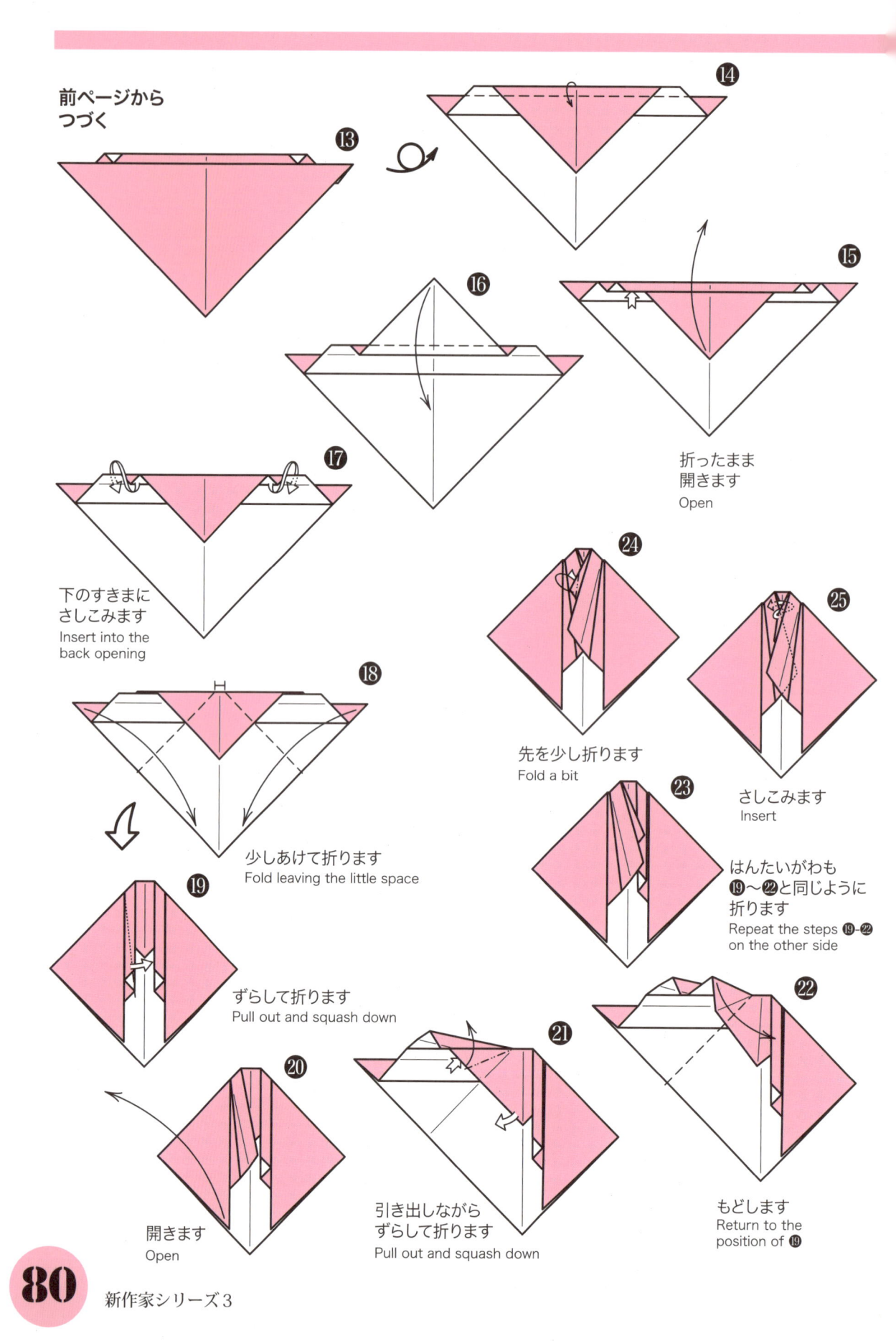

⑬

⑭

⑮ 折ったまま開きます
Open

⑯

⑰ 下のすきまにさしこみます
Insert into the back opening

⑱ 少しあけて折ります
Fold leaving the little space

⑲ ずらして折ります
Pull out and squash down

⑳ 開きます
Open

㉑ 引き出しながらずらして折ります
Pull out and squash down

㉒ もどします
Return to the position of ⑲

㉓ はんたいがわも⑲〜㉒と同じように折ります
Repeat the steps ⑲-㉒ on the other side

㉔ 先を少し折ります
Fold a bit

㉕ さしこみます
Insert

80　新作家シリーズ3

㉘ もどします
Unfold

㉙ 段折りしながら中わり折り
Make an inside reverse fold and push in

㉚ 下の1枚を折ります
Fold the lower layer

㉛

㉗ 段折り
Pleat

㉜ （中を見た部分図）
Inside

㉝ 下の部分を引き出してかさねます
Pull out and overlay

㉞

㉟ 開いて折りたたみます
Separate the layers and squash down

㉝ 上の1枚だけ折りすじをつけます
Make a crease only on the top layer

㉖

㊱ 中わり折り
Inside reverse fold

㊲ 下のすきまにさしこみます
Insert

㊳ はんたいがわも㉜〜㊲と同じように折ります
Repeat the steps ㉜〜㊲ on the other side

茶羽織できあがり

手 Hands ※2.5cm×2.5cm（2枚）

はじめに「たこの基本形」を折ります

Fold "Kite Base"

①

手 できあがり

同じものをもう1こ作ります
Fold another one

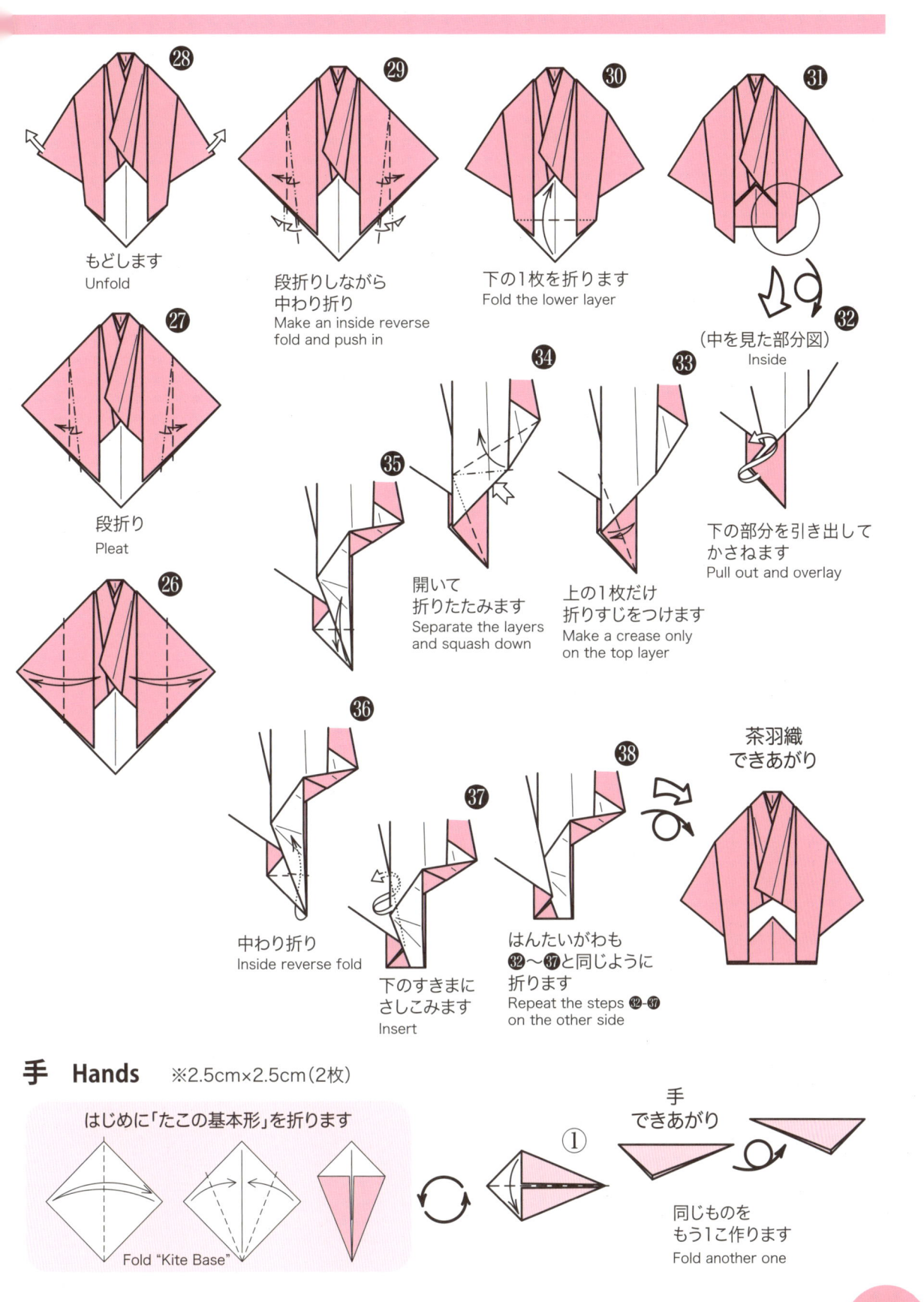

81
新作家シリーズ3

下の部分　Lower half

※15cm×15cm（1枚）

たび　Japanese socks

※3cm×3cm（2枚）

ぜんぶいっしょに折りすじをつけます
Fold all and make creases

もどします
Unfold

下の1枚を折ります
Fold the lower layer

少しかさねて折ります
Fold to overlay

下の部分できあがり

段折り
Pleat

帯　Band　※4.5cm×4.5cm（1枚）

はじめに「かんのん基本形」を折ります

Fold "Door Base"

帯できあがり

●くみあわせかた●

さしこんでのりづけします
Insert and glue

さしこんでのりづけします
Insert and glue

できあがり

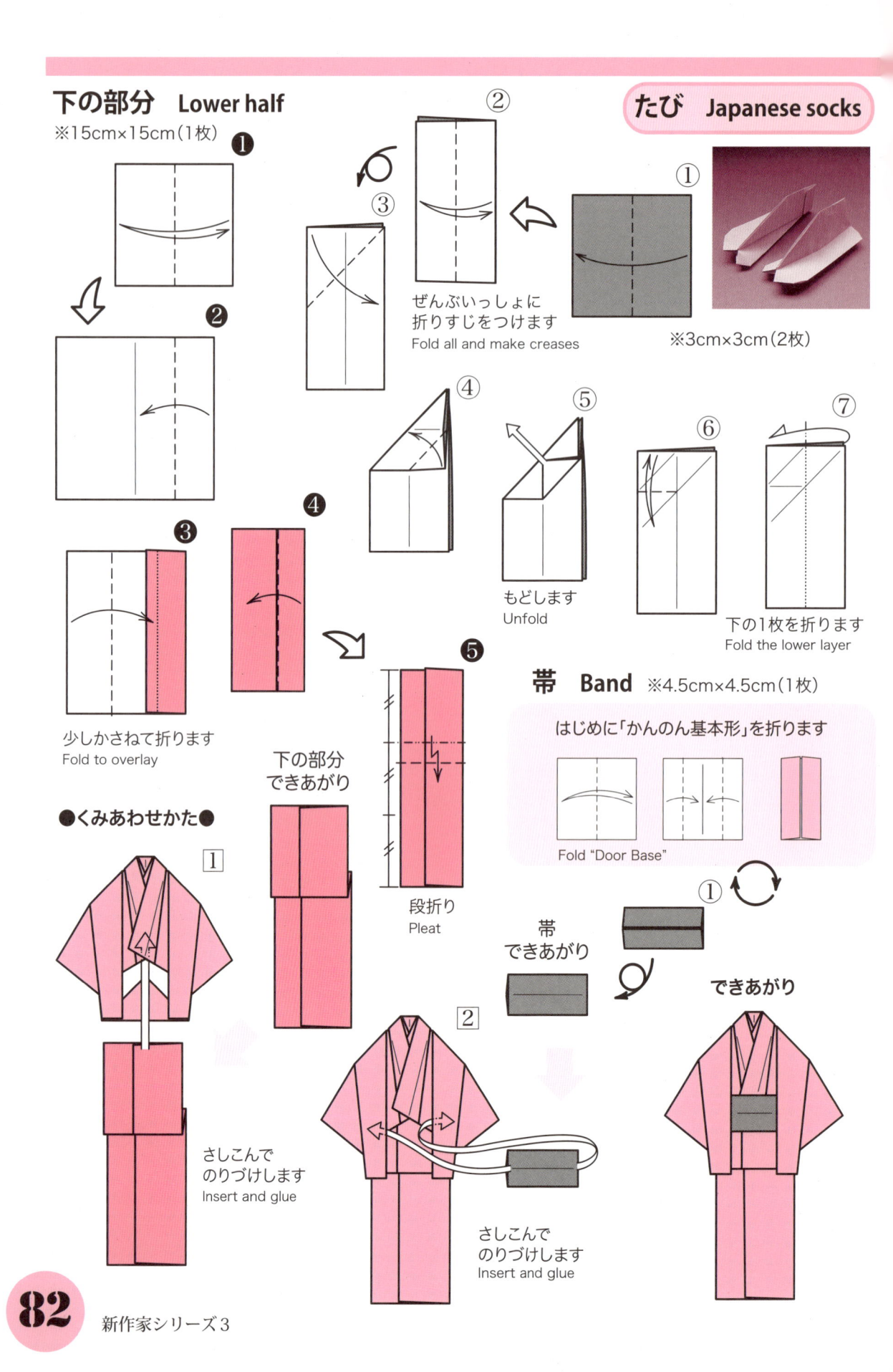

82　新作家シリーズ3

⑨ 折りたたみます Squash down

⑩ 開きます Fold and open

⑪

⑫

⑬ かどを押しこんで中わり折り Inside reverse fold pushing the corner

⑧ 折って開きます Fold and open

⑭

⑮

⑯

⑰

⑱

⑲

⑳

㉑

㉒

㉓ 開いて折りたたみます Separate the layer and squash down

㉔

㉕ かどを折ってまん中を立てます Fold the corner and Fold the center to stand

できあがり 左右対称のものをもう1こ作ります Make a matching pair

落ち葉 Fallen leaf
※2cm×2cm（20枚）

葉（伝承） Leaf (Traditional model)

❶

❷

❸

❹

次ページにつづく

新作家シリーズ3

83

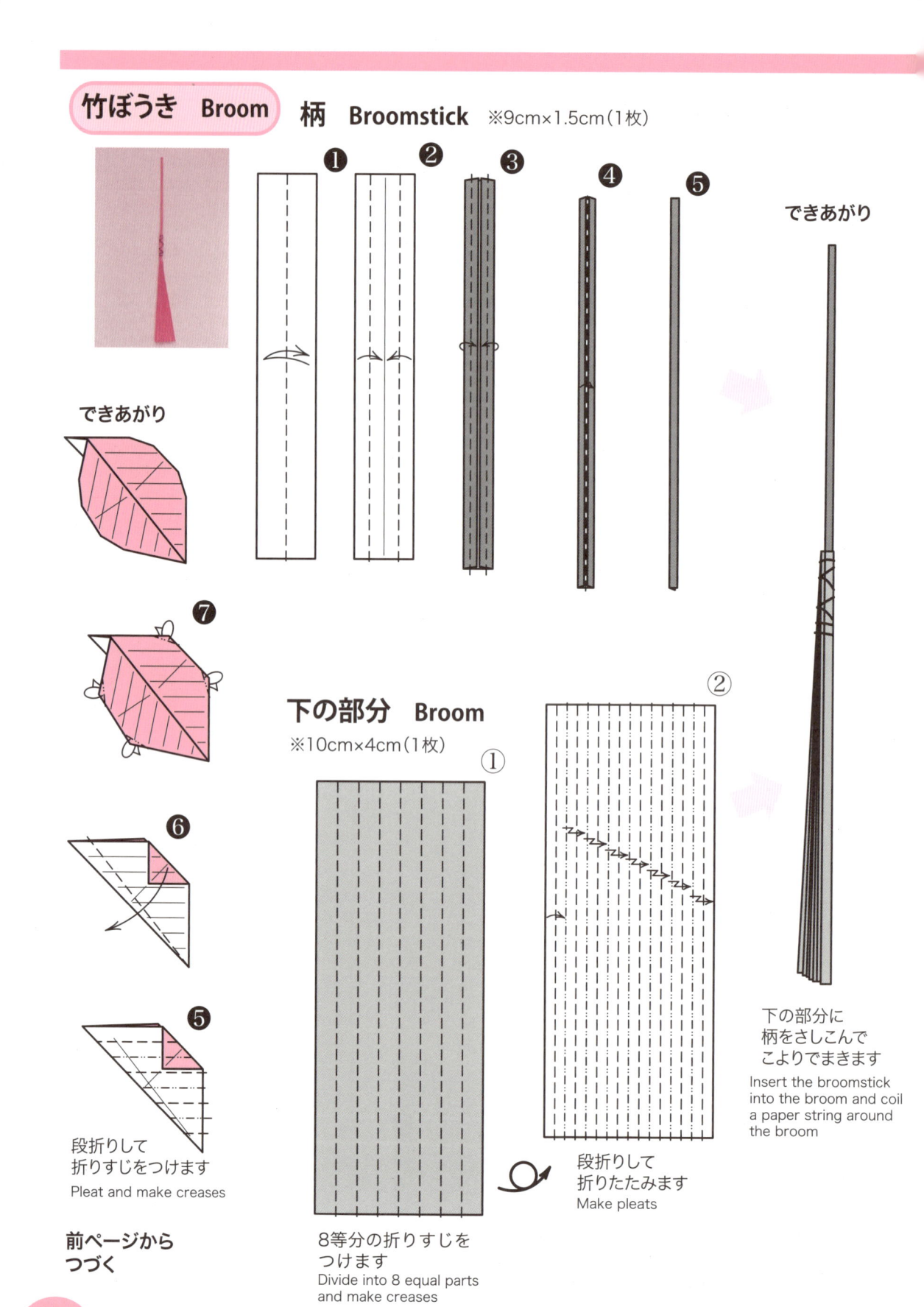

竹ぼうき Broom

柄 Broomstick ※9cm×1.5cm（1枚）

できあがり

下の部分 Broom
※10cm×4cm（1枚）

下の部分に
柄をさしこんで
こよりでまきます

Insert the broomstick into the broom and coil a paper string around the broom

段折りして
折りたたみます
Make pleats

8等分の折りすじを
つけます
Divide into 8 equal parts and make creases

段折りして
折りすじをつけます
Pleat and make creases

前ページから
つづく

84 新作家シリーズ3

Happy new year will come soon.
もうすぐお正月

12月　In December

(月刊おりがみ292号掲載)

使用する紙の大きさと枚数
Size and Number of sheets

＜着物＞ *Kimono*
56cm × 14cm（＋折り代 2cm）（1枚）
The excessive portion

＜帯＞ Band
37cm × 6.5cm（1枚）

＜たび＞ Japanese socks
4.5cm × 4.5cm（1枚）
※たびの折り方は P82〜83 に掲載されています。
You will find the diagram of the Japanese socks on page 82-83

暮れも押し迫り、大掃除も終わると、お正月の用意が始まります。部屋に広げられた着物を見て、子どもたちは胸を踊らせ、指折り数えてお正月を待ちます。母親は、選んだ着物の肩揚げ（かたあげ）、腰揚げ（こしあげ）の分量を変えることで子どもの成長を知りました。それは、私が幼かったときも、母となったときも繰り返された懐かしい"おもいで"です。　　　　　　　　　　　　　　　　　（作者）

Near the end of the year, once my mother had finished thoroughly cleaning the house, she would start the preparations for New Year's. Seeing the many seasonal *kimonos* spread out about the room would make us children's hearts start leaping, and we would start counting down the days to New Year's. My mother would find out how much we'd grown by the adjustments that needed doing to our *kimonos* about the shoulders and hips. This is a fond 'memory' that was repeated many times not only in my childhood but also once I became a mother.

新作家シリーズ3

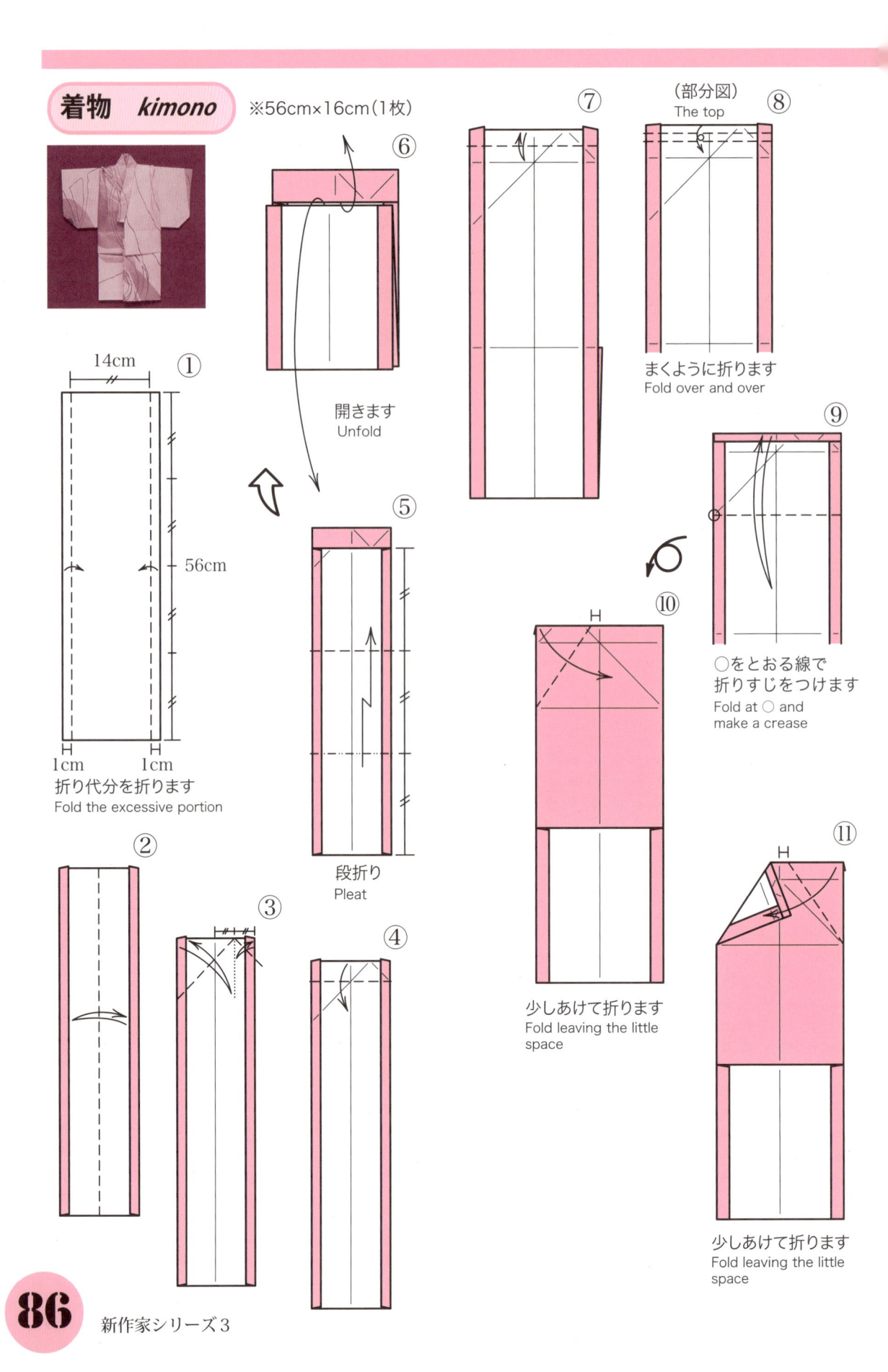

着物 kimono

※56cm×16cm(1枚)

① 14cm / 56cm / 1cm 1cm
折り代分を折ります
Fold the excessive portion

②

③

④

⑤ 段折り
Pleat

⑥ 開きます
Unfold

⑦

⑧ (部分図) The top
まくように折ります
Fold over and over

⑨ ○をとおる線で折りすじをつけます
Fold at ○ and make a crease

⑩ 少しあけて折ります
Fold leaving the little space

⑪ 少しあけて折ります
Fold leaving the little space

86 新作家シリーズ3

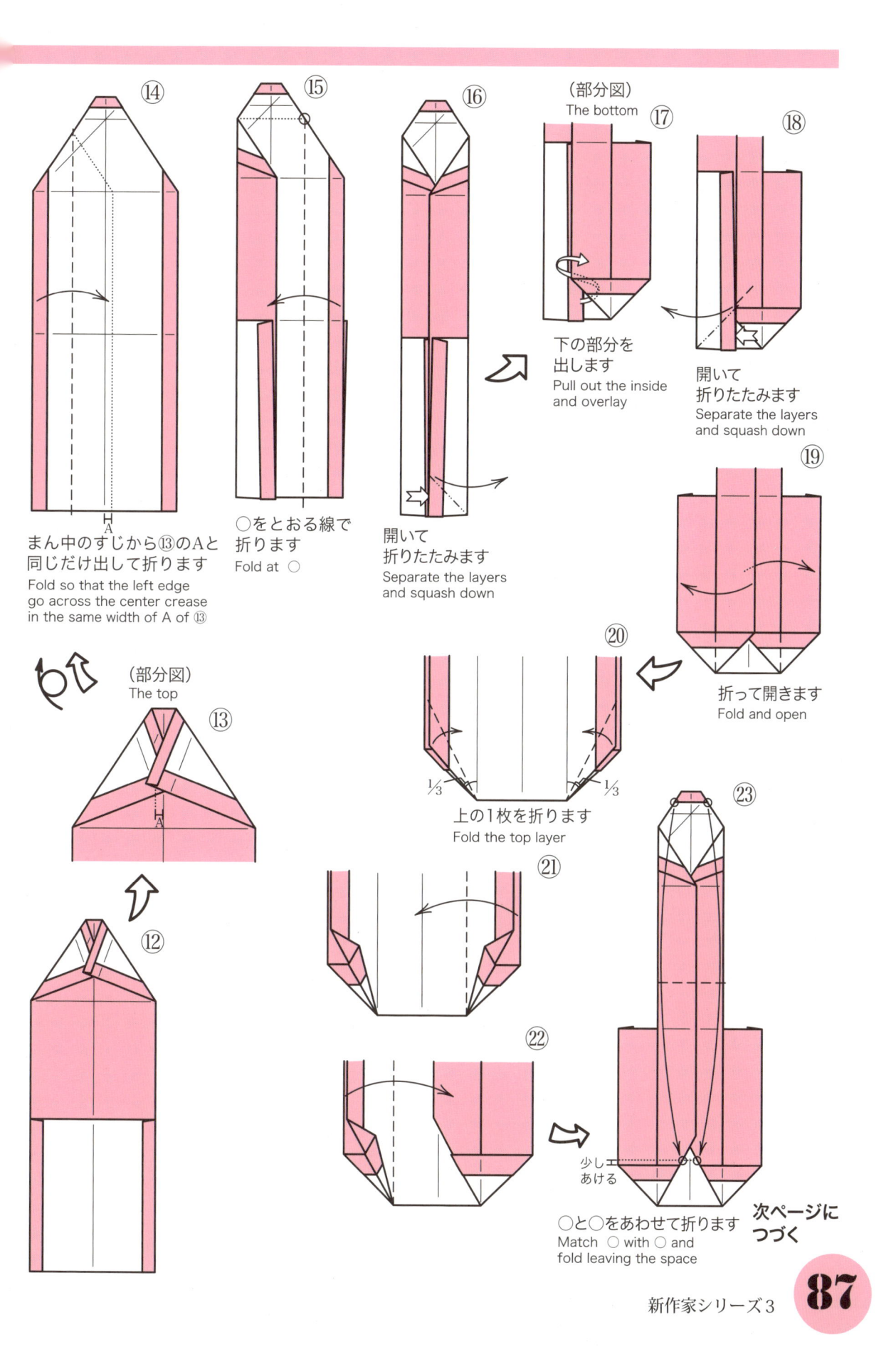

⑭
まん中のすじから⑬のAと
同じだけ出して折ります
Fold so that the left edge
go across the center crease
in the same width of A of ⑬

⑮
○をとおる線で
折ります
Fold at ○

⑯
開いて
折りたたみます
Separate the layers
and squash down

（部分図）
The bottom
⑰
下の部分を
出します
Pull out the inside
and overlay

⑱
開いて
折りたたみます
Separate the layers
and squash down

⑲
折って開きます
Fold and open

（部分図）
The top
⑬

⑫

⑳
上の1枚を折ります
Fold the top layer

㉑

㉒
○と○をあわせて折ります
少し
あける
Match ○ with ○ and
fold leaving the space

㉓
次ページに
つづく

新作家シリーズ3

87

㉖

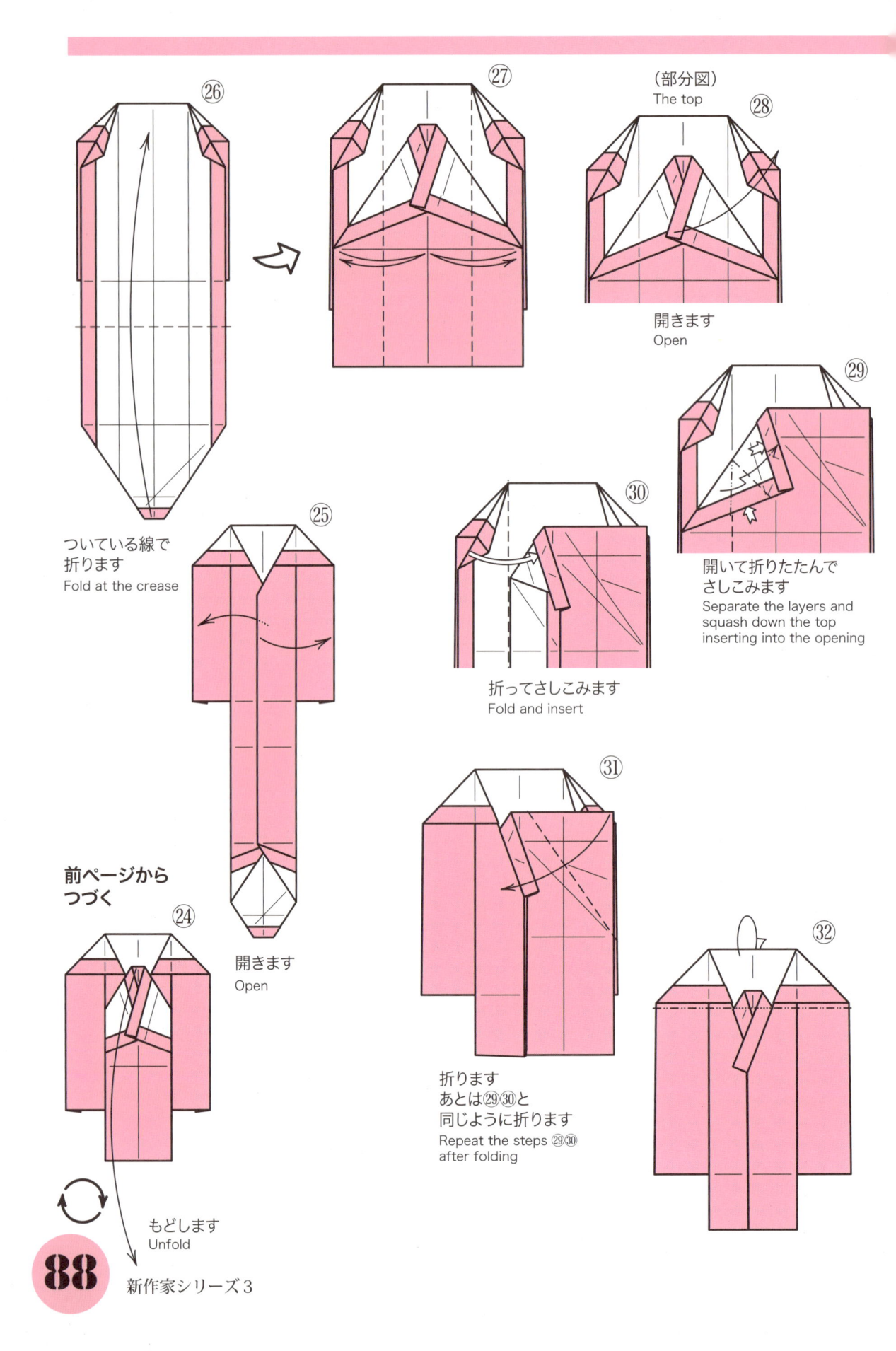

㉗

(部分図)
The top

㉘

開きます
Open

ついている線で
折ります
Fold at the crease

㉙

開いて折りたたんで
さしこみます
Separate the layers and
squash down the top
inserting into the opening

㉚

折ってさしこみます
Fold and insert

㉕

前ページから
つづく

㉔

開きます
Open

㉛

折ります
あとは㉙㉚と
同じように折ります
Repeat the steps ㉙㉚
after folding

㉜

もどします
Unfold

88　新作家シリーズ3

㊱

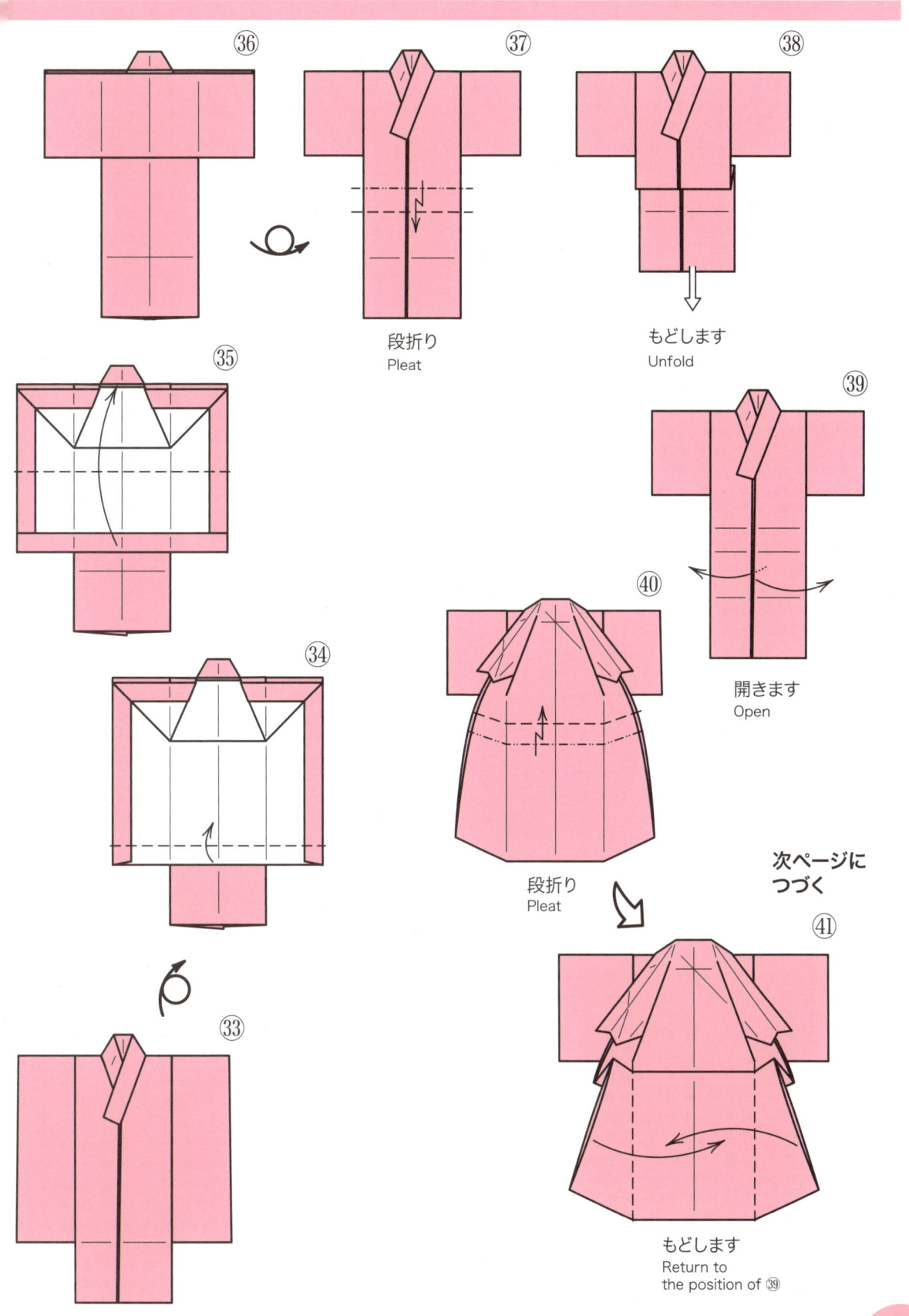

㊲

段折り
Pleat

㊳

もどします
Unfold

㉟

㉞

㉝

㊴

開きます
Open

㊵

段折り
Pleat

次ページに
つづく

㊶

もどします
Return to
the position of ㊴

89

新作家シリーズ3

前ページから
つづく

㊷

しっかりと
折りすじをつけます
Make creases firmly

㊸

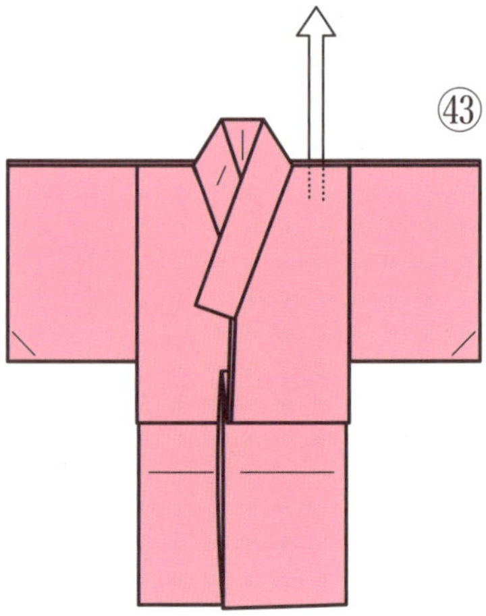

開きます
Unfold

㊹

（部分図）
The top

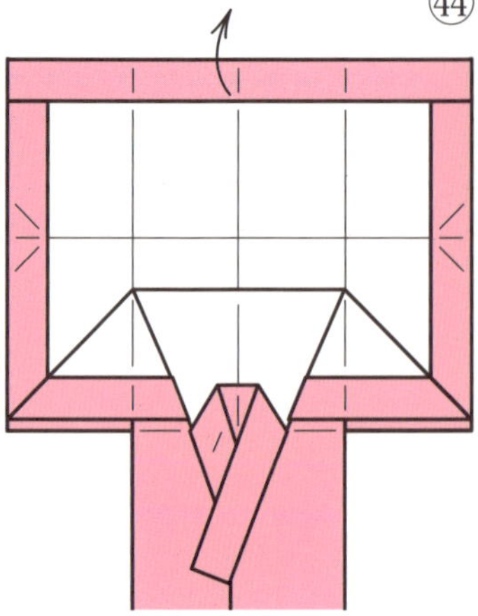

開きます
Unfold

㊺

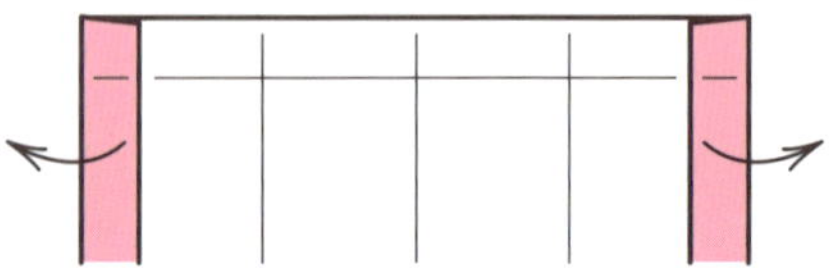

開きます
Unfold

㊻

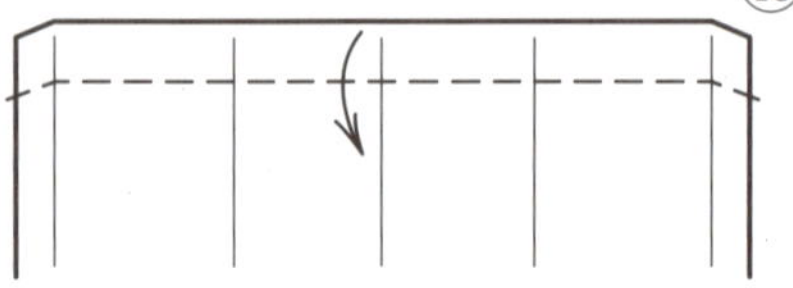

㊼

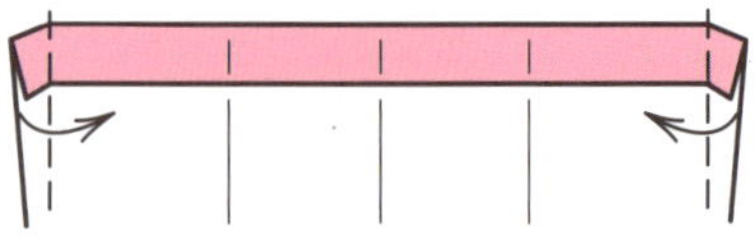

もどします
Return to the position of ㊺

㊽

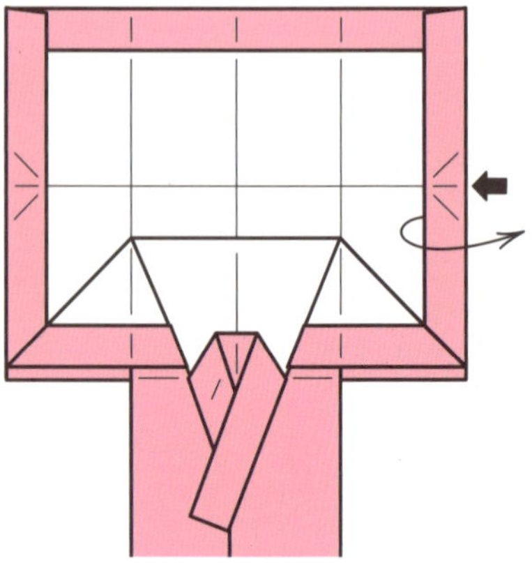

開いて立てます
Open and raise

（部分図）
The right side

㊾

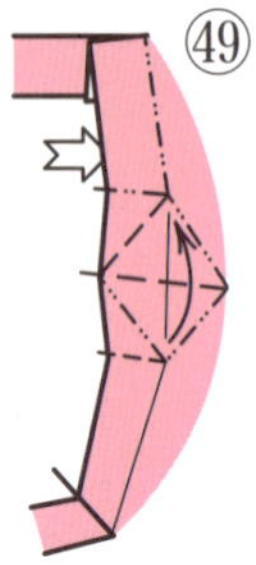

つまむように
よせます
Fold as if to pinch

㊿

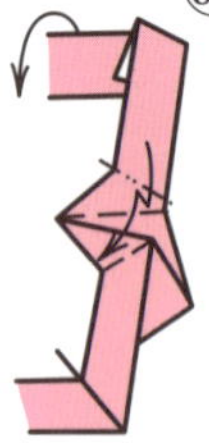

折ってとめます
Fold the top edge
and overlap

(51)

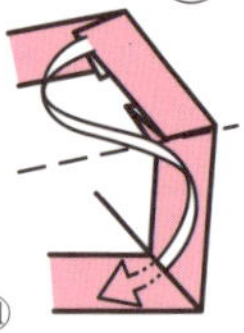

折ってさしこみます
はんたいがわも
㊽～(51)と同じ
Fold inserting into
the opening and
repeat the steps ㊽-(51)
on another side

(52)

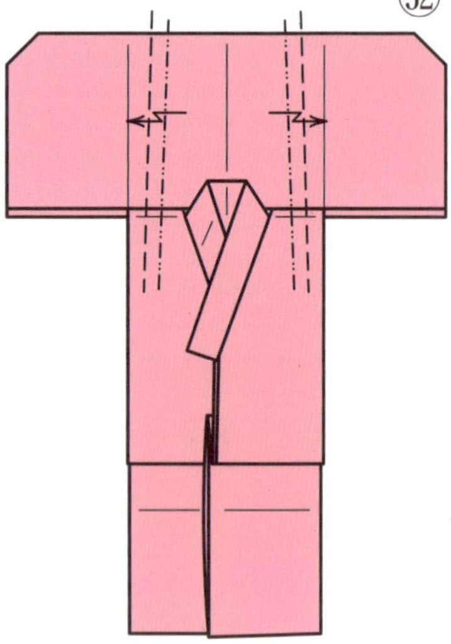

段折りして
まるみをつけます
Make pleats
and shape

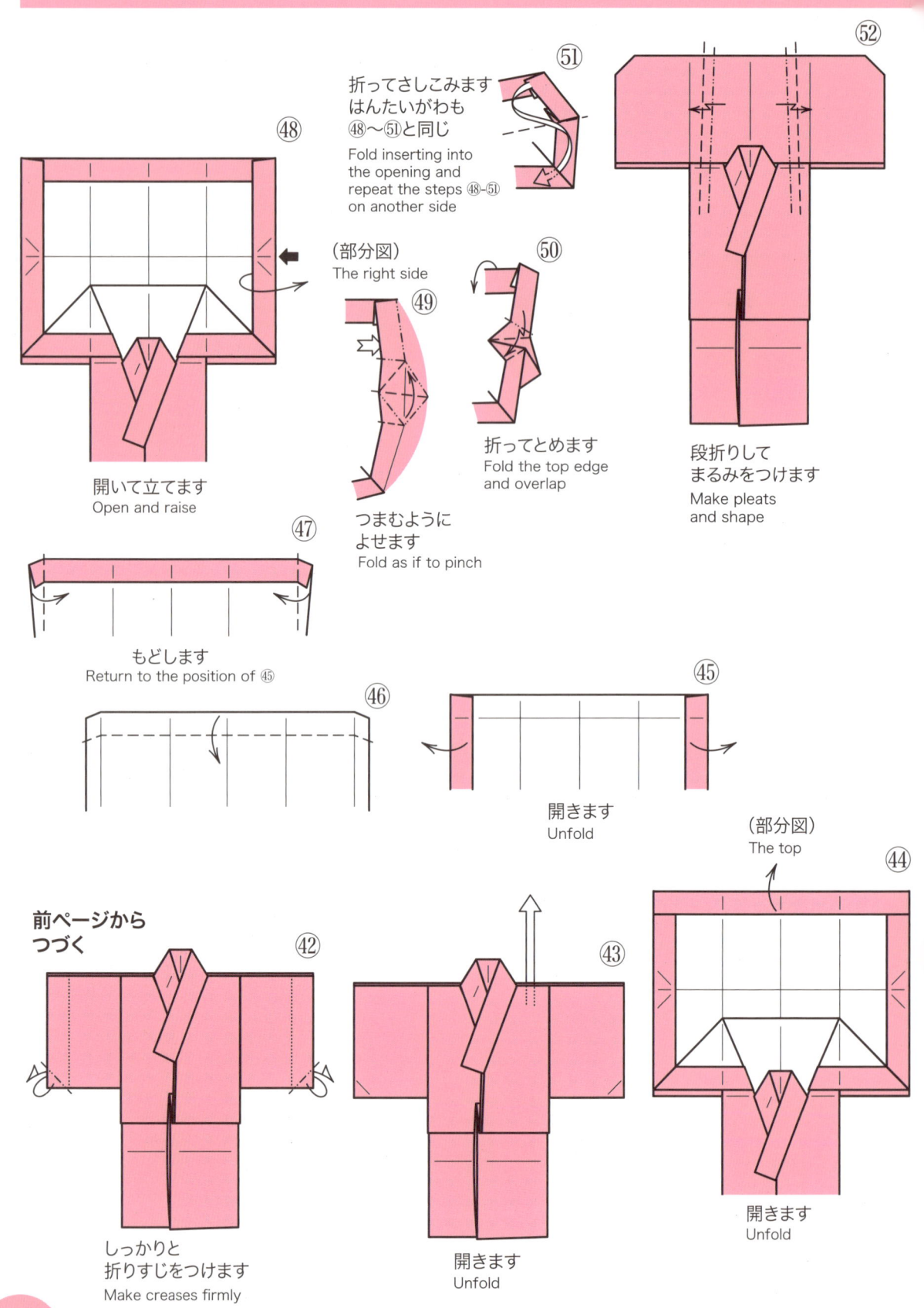

㊹

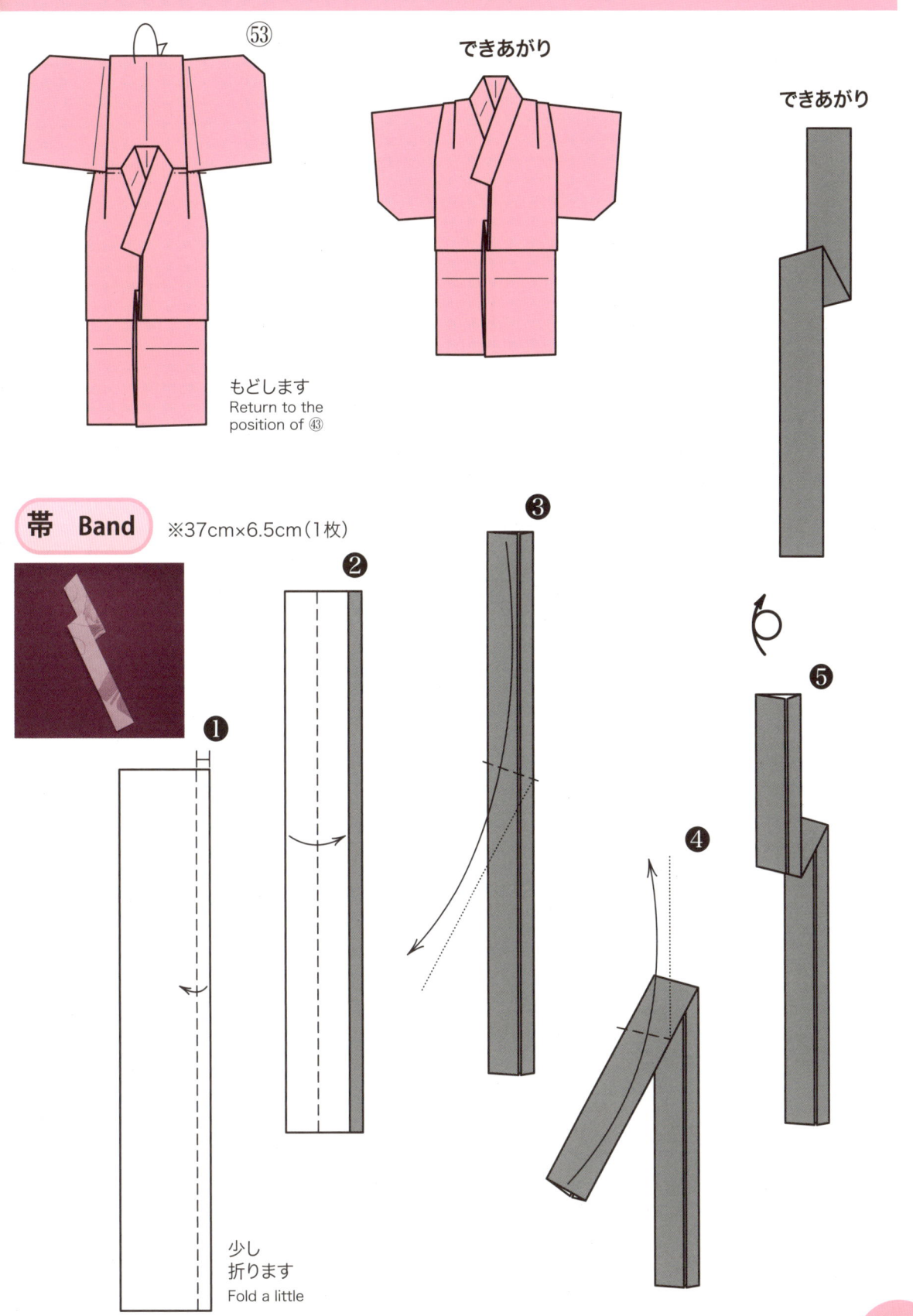

できあがり

できあがり

もどします
Return to the position of ㊸

帯 **Band** ※37cm×6.5cm(1枚)

❶ 少し折ります
Fold a little

❷

❸

❹

❺

新作家シリーズ3

91

Camellia
椿

使用する紙の大きさと枚数
Size and Number of sheets

<花> Flower
　A 10cm × 10cm （1枚）
　B 10cm × 10cm （1枚）
<花心> Center
　4.5cm × 3.8cm （1枚）
<がく> Calyx
　5cm × 5cm （1枚）
<葉> Leaf
　11cm × 11cm （1枚）
　8cm × 8cm （1枚）

どなたにも易しく折れる複合作品です。板染めの和紙で折りますと花びらに斑(ふ)が入ったように見えます。無地で折ってもかまいません。2004年、金沢市近郊野々市町(ののいちまち)の椿まつりで中学生がこの椿を折って等身大の富樫像(とがしぞう)や末松廃寺(すえまつはいじ)の七重の塔などを作りました。(作者)

The flower of this camellia is folded by three sheets of paper. So it is easy for everyone to fold. I used the Japanese paper named *Itazome*, that is the way how to dye in putting a sheet of Japanese paper between two boards. The shading of the paper looks like the petals in spots. The junior high school pupils in *Nonoichi machi*, the town near *Kanazawa* city, made the two panels of the *Togashi* statue and the restorated model of the seven-story pagoda in *Suematsu haiji* (the ruins of the temple in *Suematsu* area) by using this origami camellia. They were displayed in the *Tsubaki* Festival of the town in 2004.

野々市町椿まつりで飾られた富樫像と末松廃寺。
(富樫像のまわりの立体の椿は高濱利恵 創作作品です。日本折紙協会発行「おりがみ傑作選3」に収録)
The *Togashi* statue and *Suematsu haiji*. Another camellia is the model created by Ms. Toshie Takahama.

(写真提供：田中稔憲)
photo by Mr. Toshinori Tanaka

新作家シリーズ3

椿 Camellia

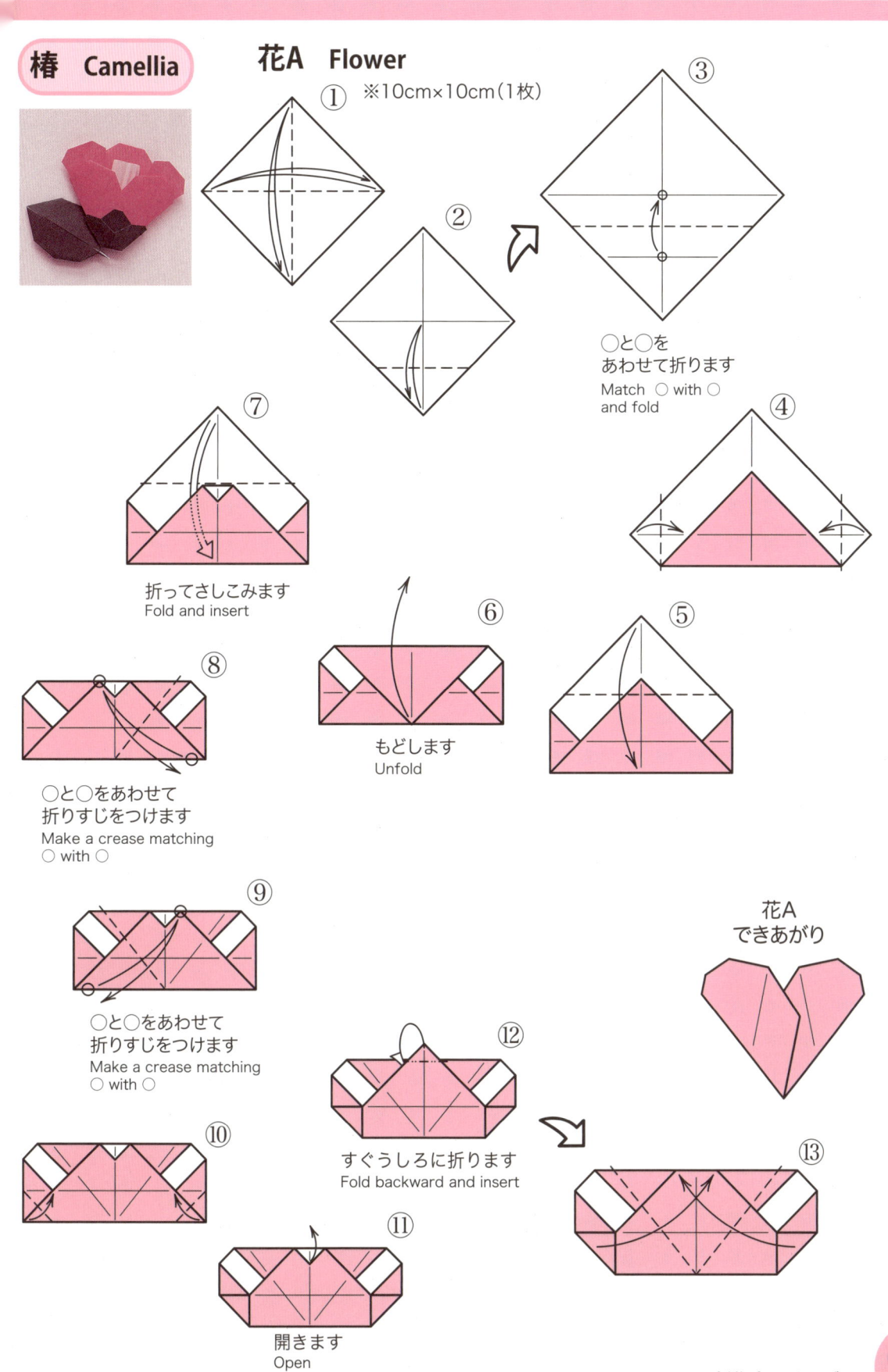

花A　Flower

① ※10cm×10cm（1枚）

②

③
○と○を
あわせて折ります
Match ○ with ○
and fold

④

⑤

⑥
もどします
Unfold

⑦
折ってさしこみます
Fold and insert

⑧
○と○をあわせて
折りすじをつけます
Make a crease matching
○ with ○

⑨
○と○をあわせて
折りすじをつけます
Make a crease matching
○ with ○

⑩

⑪
開きます
Open

⑫
すぐうしろに折ります
Fold backward and insert

⑬

花A
できあがり

93　新作家シリーズ3

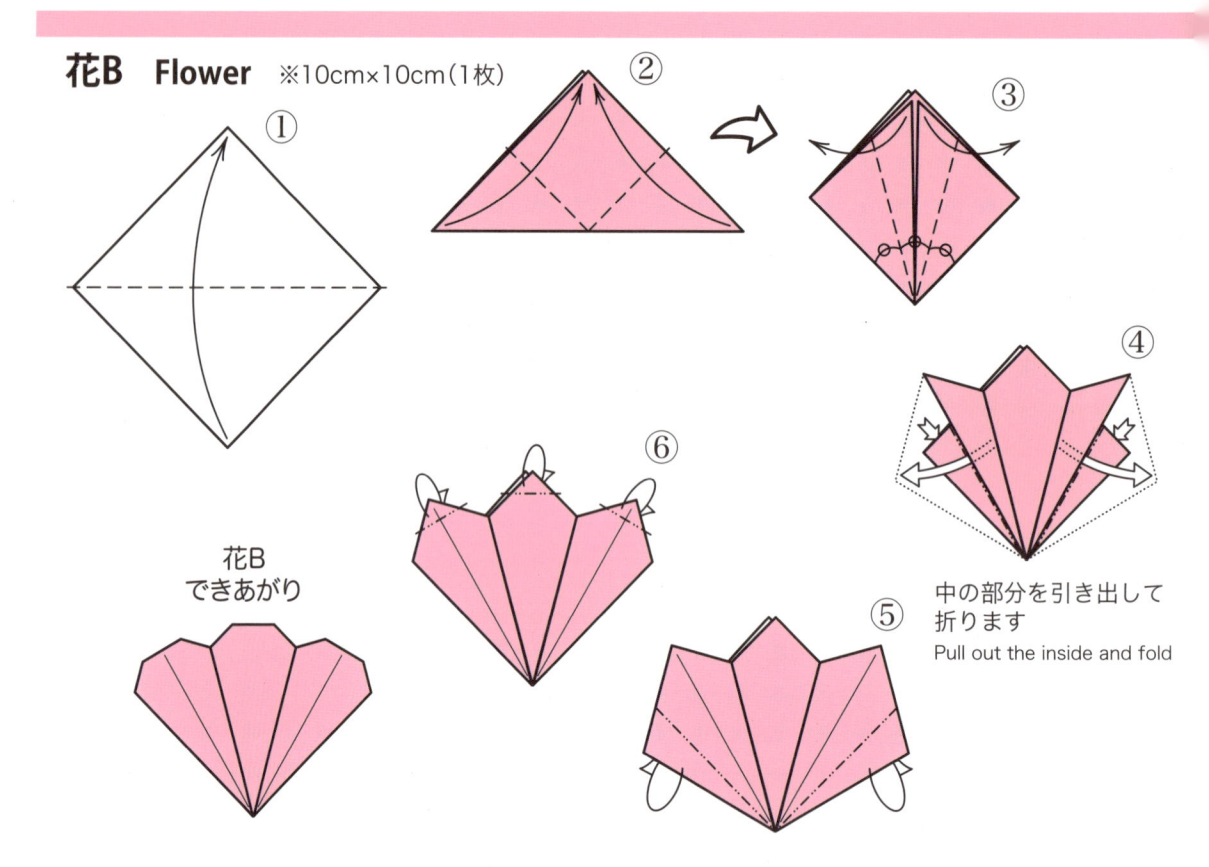

花B Flower ※10cm×10cm(1枚)

花B
できあがり

④ 中の部分を引き出して折ります
Pull out the inside and fold

がく Calyx ※5cm×5cm(1枚)

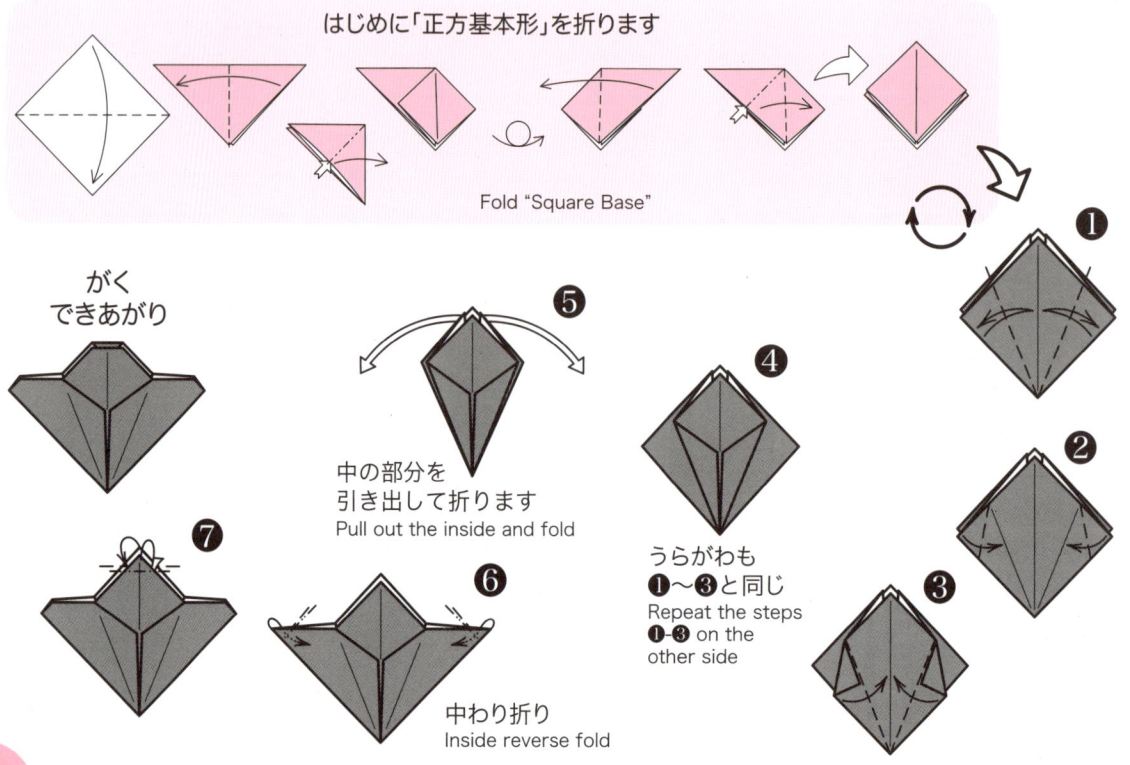

はじめに「正方基本形」を折ります
Fold "Square Base"

がく
できあがり

⑤ 中の部分を引き出して折ります
Pull out the inside and fold

④ うらがわも ❶〜❸と同じ
Repeat the steps ❶-❸ on the other side

中わり折り
Inside reverse fold

94 新作家シリーズ3

葉 Leaf

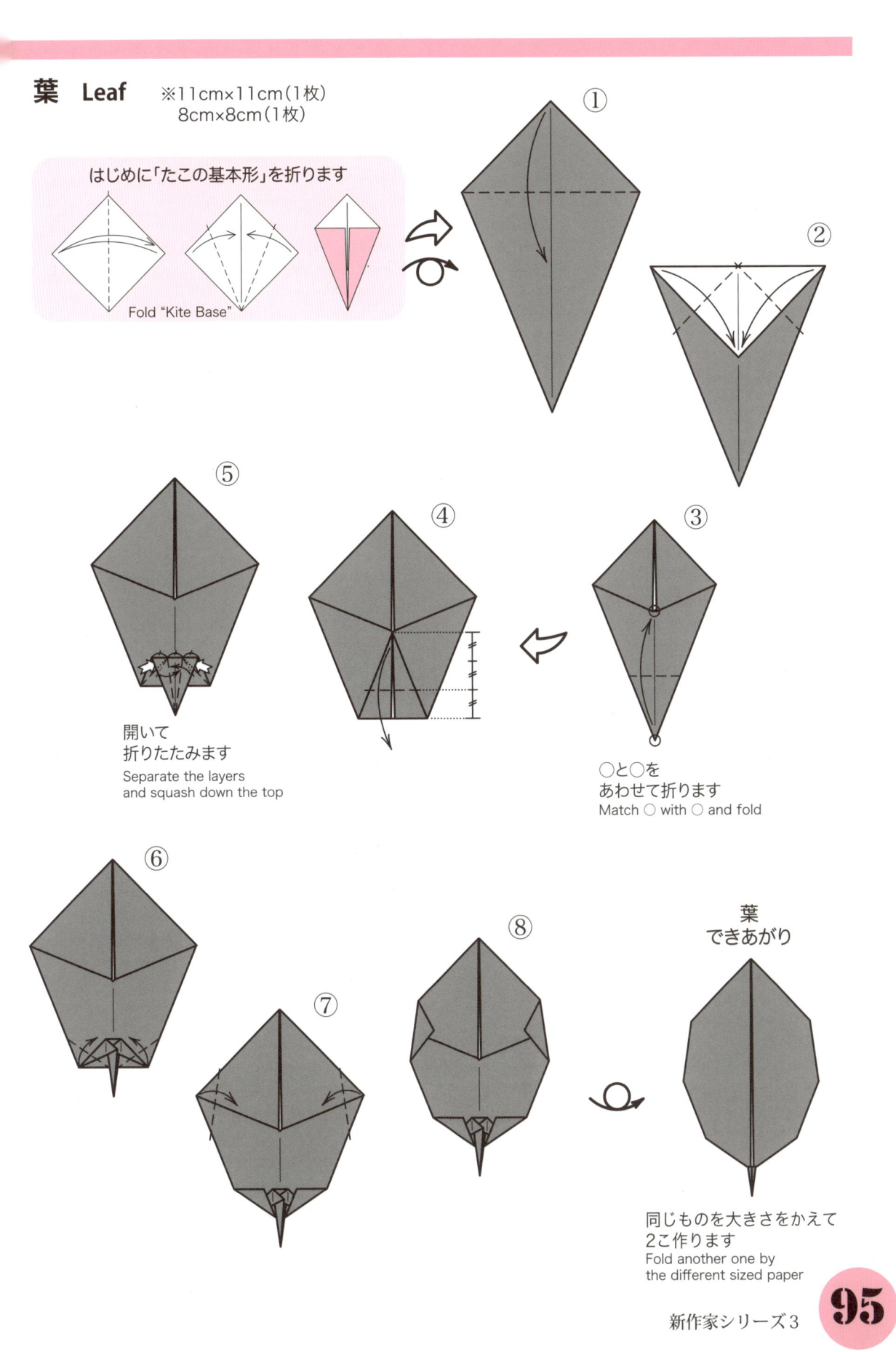

※11cm×11cm（1枚）
　8cm×8cm（1枚）

はじめに「たこの基本形」を折ります
Fold "Kite Base"

①

②

③ ○と○を
あわせて折ります
Match ○ with ○ and fold

④

⑤ 開いて
折りたたみます
Separate the layers
and squash down the top

⑥

⑦

⑧

葉
できあがり

同じものを大きさをかえて
2こ作ります
Fold another one by
the different sized paper

新作家シリーズ3

95

●くみあわせかた●
Assembly

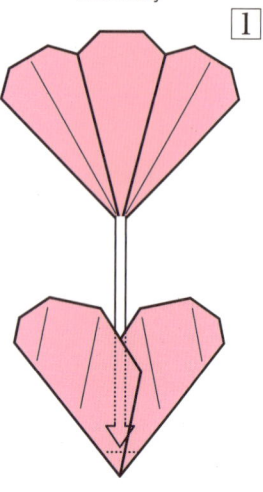

1

花Aに花Bをさしこみます
Insert the flowerB into the flowerA

2

3

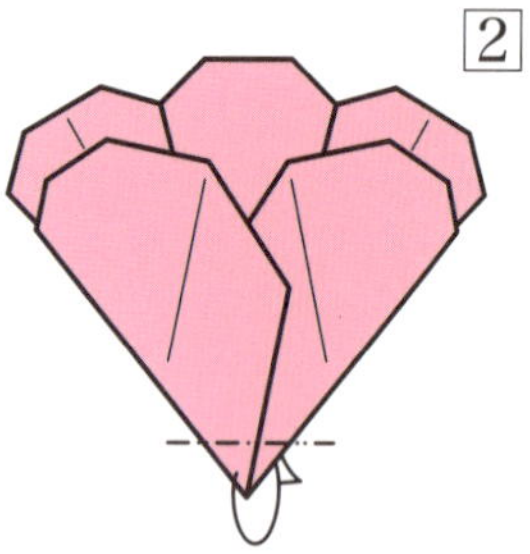

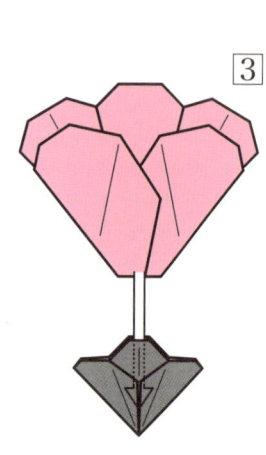

がくにさしこんで
のりづけします
Insert into the calyx
and glue

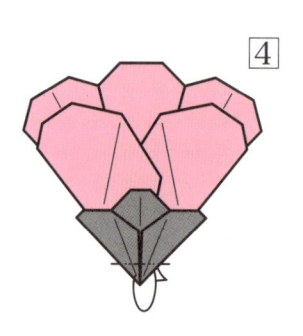

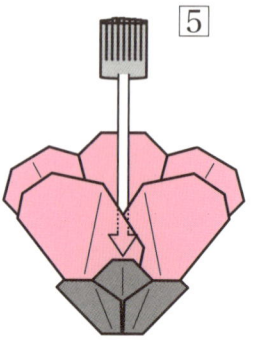

花
できあがり

4

5

花心をさしこんで
のりづけします
Insert the center and glue

できあがり

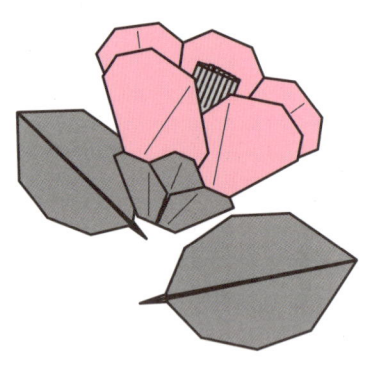

花と葉を形よくのりづけします
Paste up the flower and leaves

花心　Center

※4.5cm×3.8cm（1枚）

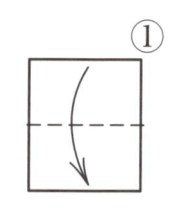

①

② 切りこみを
いれます
Make cuts

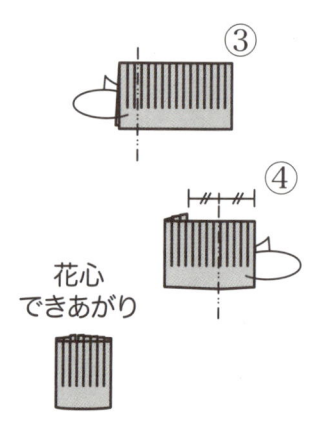

③

④

花心
できあがり

96　新作家シリーズ3

Marionette
マリオネット

使用する紙の大きさと枚数
Size and Number of sheets

＜マリオネット＞ Marionette
頭 Head
…7cm × 7cm（1枚）
洋服 Clothes
…15cm × 15cm（1枚）
手 Hands
…5cm × 5cm（2枚）
腕 Arms
…1.8cm × 4cm（2枚）
足 Legs
…2cm × 5cm（2枚）
靴 Shoes
…6cm × 6cm（2枚）
こより Paper string
…適当な長さのもの（5本）

手と靴は折り紙をはじめて間もない頃の創作です。これらを使って何か作品をと思ったときに「マリオネット」を想いつきました。
（作者）

When I began to take an interest in folding paper, I created these hands and shoes. I made this marionette by using them.

新作家シリーズ3

マリオネット Marionette

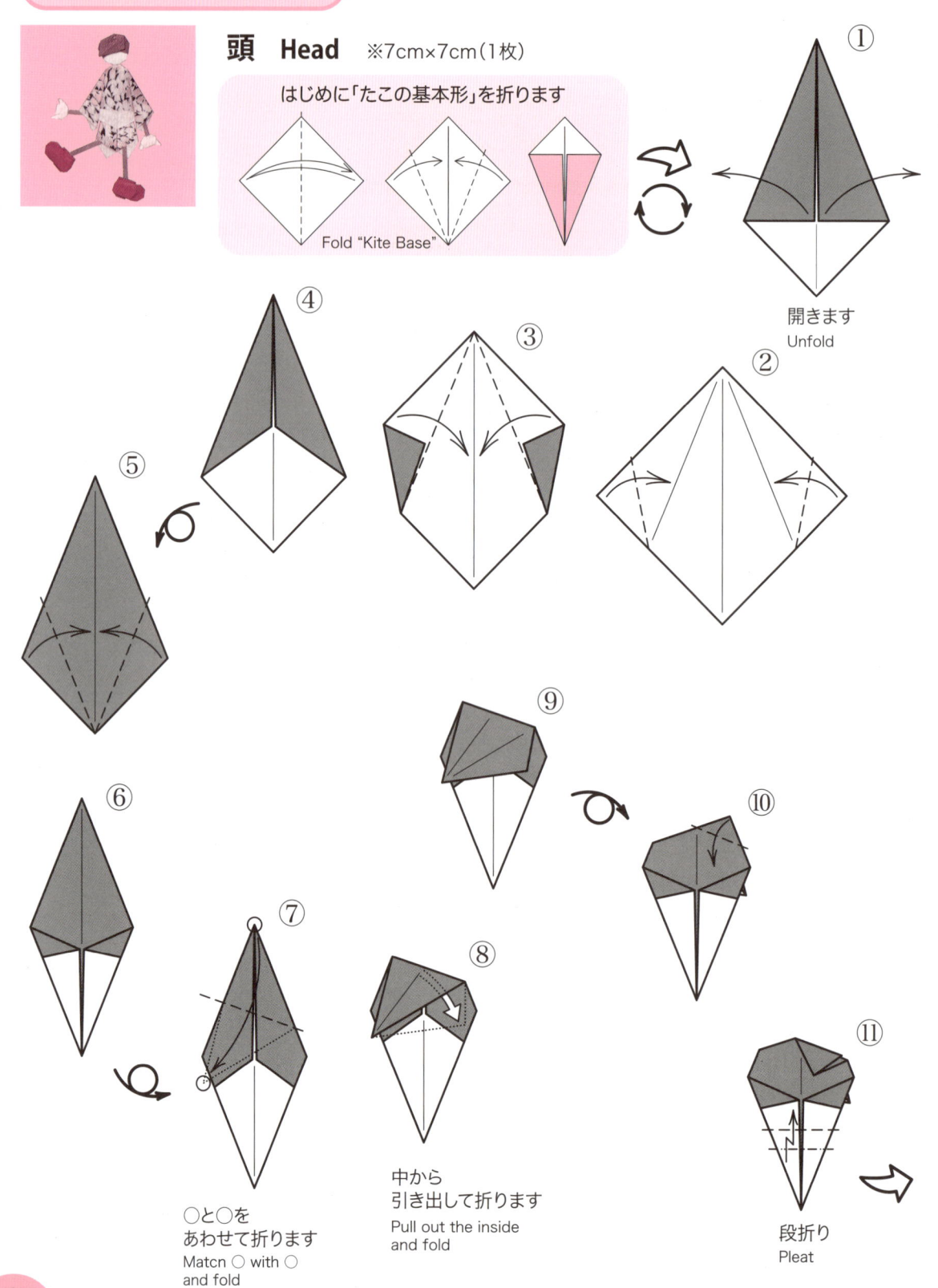

頭 Head　※7cm×7cm（1枚）

はじめに「たこの基本形」を折ります
Fold "Kite Base"

① 開きます Unfold

②

③

④

⑤

⑥

⑦ ○と○をあわせて折ります
Match ○ with ○ and fold

⑧ 中から引き出して折ります
Pull out the inside and fold

⑨

⑩

⑪ 段折り
Pleat

98　新作家シリーズ3

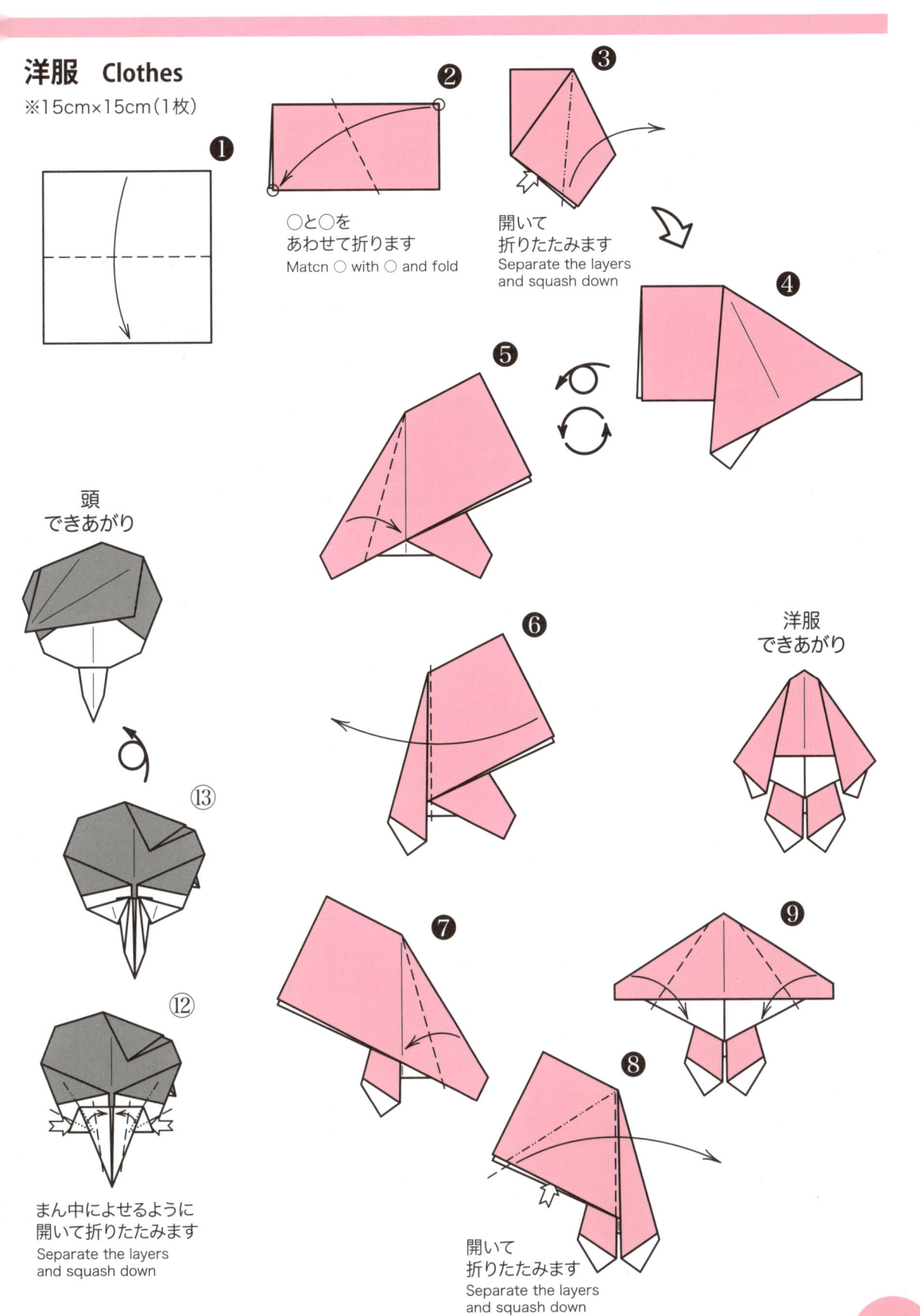

洋服　Clothes

※15cm×15cm（1枚）

○と○を
あわせて折ります
Match ○ with ○ and fold

開いて
折りたたみます
Separate the layers
and squash down

頭
できあがり

洋服
できあがり

開いて
折りたたみます
Separate the layers
and squash down

まん中によせるように
開いて折りたたみます
Separate the layers
and squash down

新作家シリーズ3

99

手　Hands　※5cm×5cm(2枚)

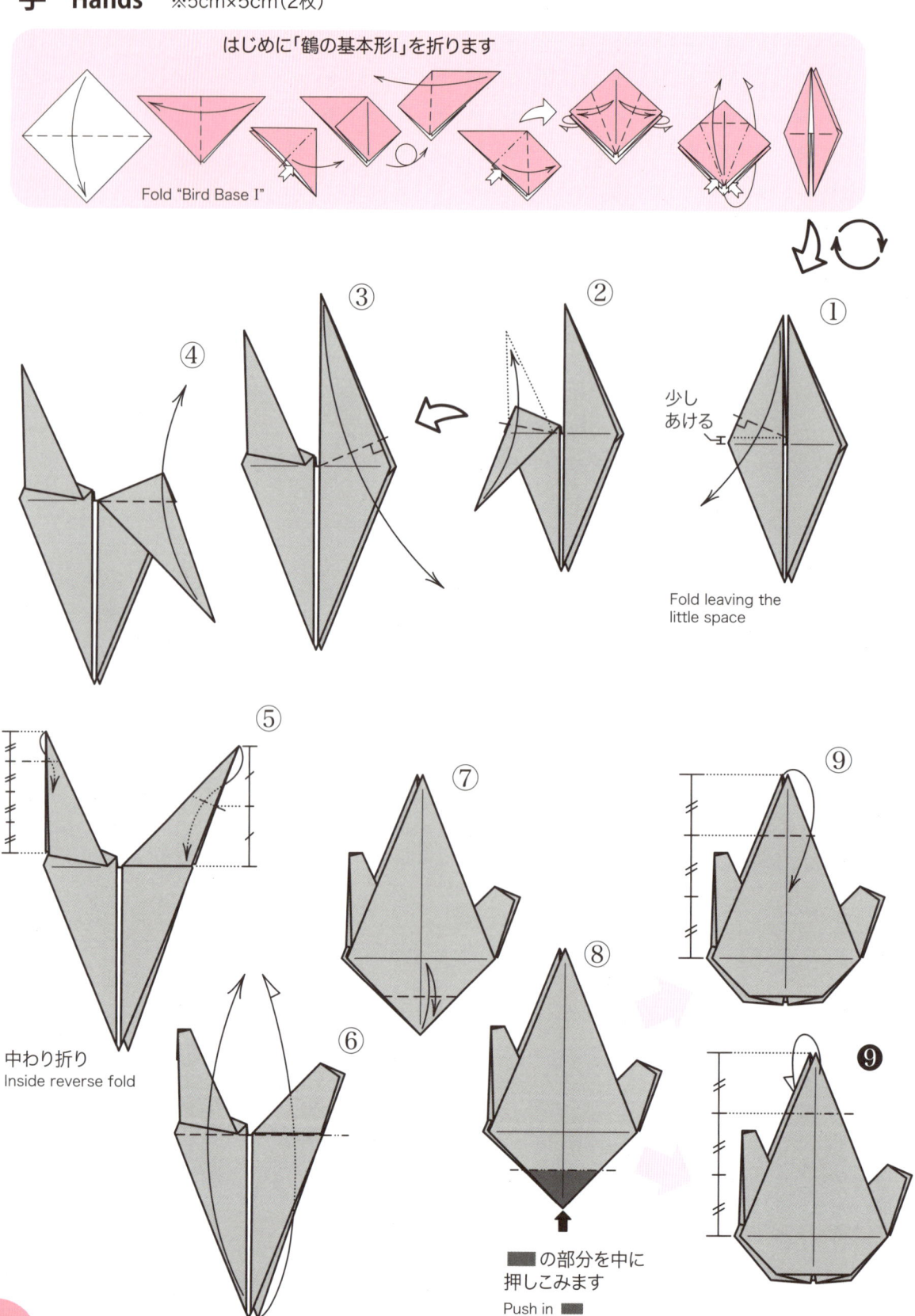

はじめに「鶴の基本形I」を折ります
Fold "Bird Base I"

① Fold leaving the little space
少しあける

②

③

④

⑤ 中わり折り
Inside reverse fold

⑥

⑦

⑧ ■の部分を中に押しこみます
Push in ■

⑨

❾

100　新作家シリーズ3

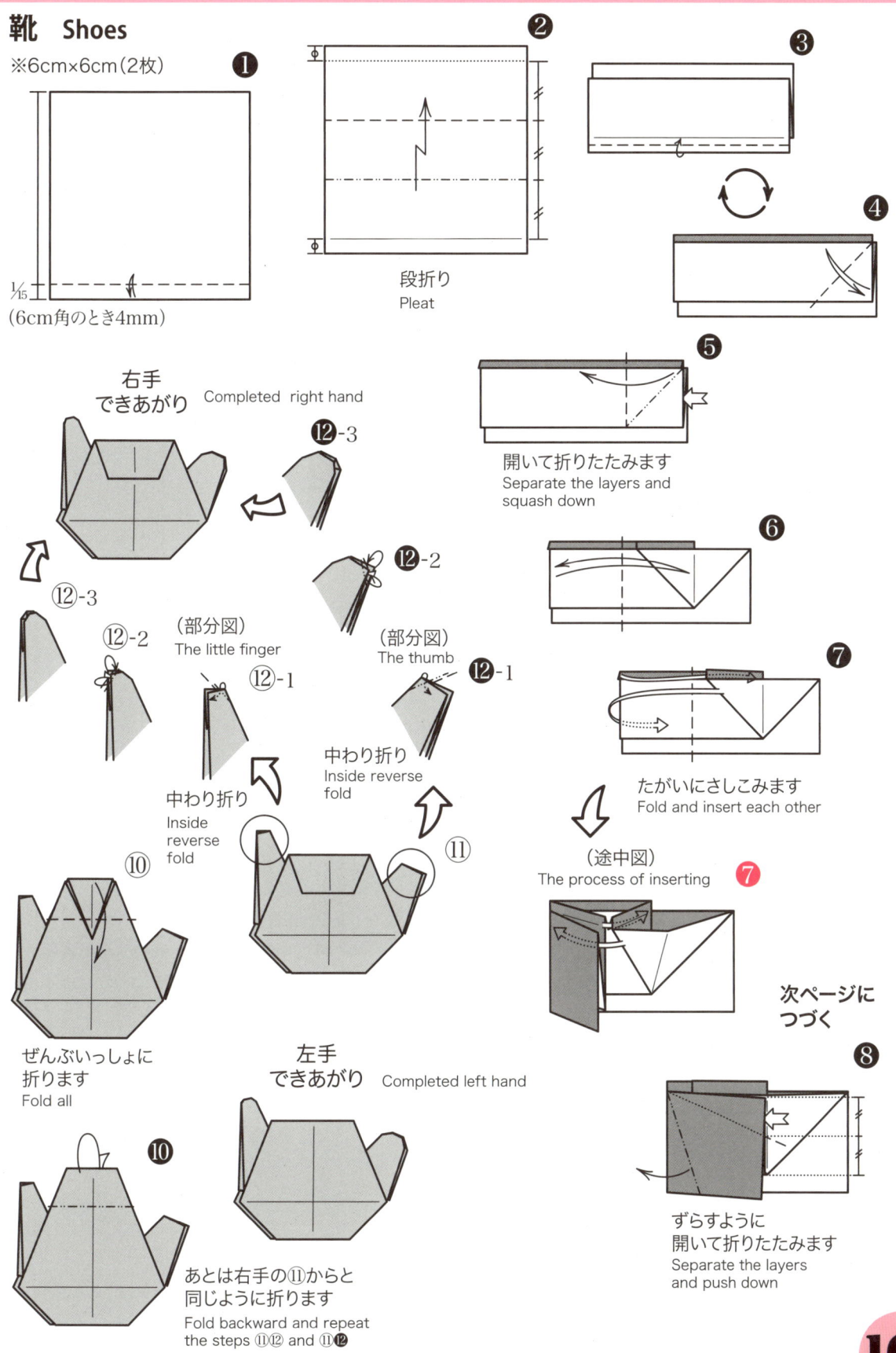

靴 Shoes

※6cm×6cm(2枚)

❶

1/15
(6cm角のとき4mm)

❷ 段折り
Pleat

❸

❹

❺ 開いて折りたたみます
Separate the layers and squash down

❻

❼ たがいにさしこみます
Fold and insert each other

❼ (途中図)
The process of inserting

❽ ずらすように開いて折りたたみます
Separate the layers and push down

次ページにつづく

右手できあがり
Completed right hand

⑫-3

⑫-3

⑫-2

⑫-2

(部分図) The little finger

⑫-1

(部分図) The thumb

⑫-1

中わり折り
Inside reverse fold

中わり折り
Inside reverse fold

⑪

⑩

ぜんぶいっしょに折ります
Fold all

左手できあがり
Completed left hand

⑩

あとは右手の⑪からと同じように折ります
Fold backward and repeat the steps ⑪⑫ and ⑪⑫

新作家シリーズ3

101

腕、足　Arms, Legs

※腕：1.8cm×4cm（2枚）
　足：2cm×5cm（2枚）

①

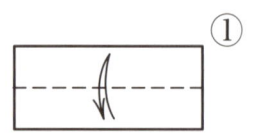

②

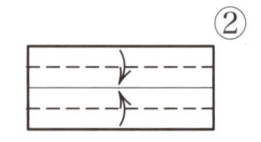

③

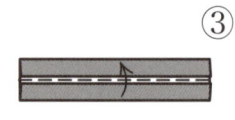

**腕、足
できあがり**

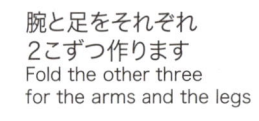

腕と足をそれぞれ
2こずつ作ります
Fold the other three
for the arms and the legs

できあがり

服に頭をのりづけします
服に腕と足をさしこんで
のりづけします
手と靴に腕と足をさしこんで
のりづけします
こよりをつけます

Glue the head to the clothes
Insert the arms and the legs
into the clothes and glue
Insert the arms and the legs into
the hands and the shoes and glue
Make holes and put paper
strings through

靴 できあがり

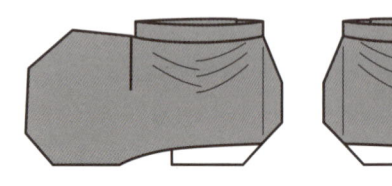

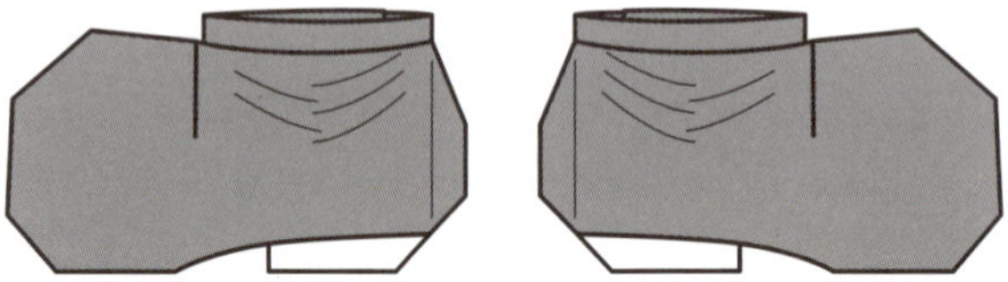

左右対称のものを
もう1こ作ります
Make a matching pair

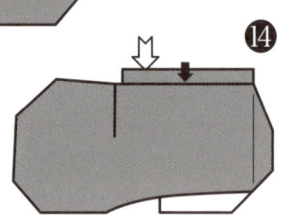

⑬

⑭ ○を出しながら段折りをして
ふくらみをもたせます
Make a pleat raising ○ and shape

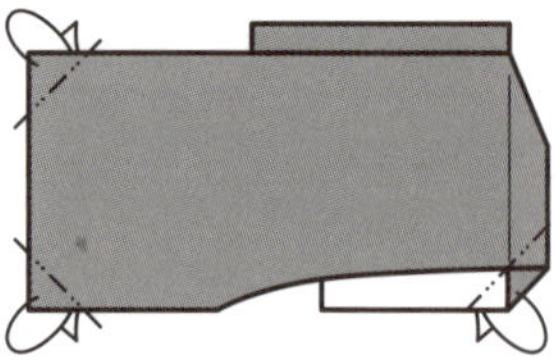

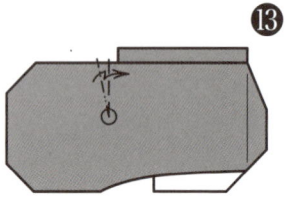

押し下げて
しわをつけます
Push down to make rumples

⑫

前ページから つづく

⑨ ずらすように段折り
Make a pleat

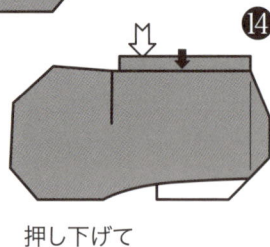

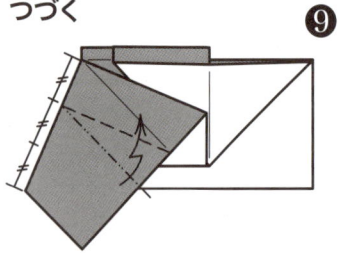

⑩

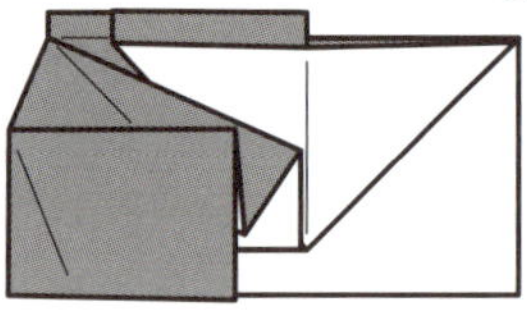

⑪ 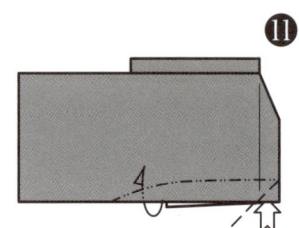 中にずらすように
まるく折りこみます
Separate the layers
and push in

102　新作家シリーズ3

《お知らせ》

~やさしさの輪をひろげる~

おりがみ

日本折紙協会の
アイドル
「ノアちゃん」

■**日本折紙協会とは…**

　1枚の紙から折り出される、花や動物…日本に古くから伝わる文化として一人一人の心の中にいきづいてきた折り紙のすばらしさは、いま、世界共通語「ORIGAMI」として、世界にはばたいています。

　趣味・教育・リハビリテーション効果などさまざまな可能性を持つ「折り紙」を、日本国内はもとより、世界の国々まで普及させよう、という思いから、1973年(昭和48年)10月27日、日本折紙協会が結成されました。

About Nippon Origami Association
Origami is the art of paper folding and many wonderful models can be folded by just using a sheet of paper. Origami is an old Japanese tradition but now it is getting more popular and it is spreading around the world. Origami has become the worldwide word for paper folding. The Nippon Origami Association was founded on October 27 1973 on account of an increased level of interest both in Japan and around the world.

現在、日本折紙協会は、月刊「おりがみ」の発行や、「世界のおりがみ展」の開催をはじめ、さまざまな活動を行っています。

あなたもなかまに入りませんか…？

●**月刊「おりがみ」**
　会員の方々の楽しい創作作品をわかりやすい折り図で紹介。季節に合わせた折り紙が、毎月15～20点、あなたのレパートリーに加わります。毎月1日発行。(A4判・36頁) 年間購読料(年会費)：8,700円(税込み/送料サービス)

●**世界のおりがみ展**
　すべての情景を折り紙で制作したパノラマ作品の数々に、国内外の個人作品、折り紙専門書や折り紙用紙の販売コーナー、折り紙教室をくわえた「世界のおりがみ展」。全国各地のデパートなどを巡回中です。会員の方は、個人作品やパノラマ作品の制作に参加することができます。

●**《折紙シンポジウム》の開催**
折り紙の学びの場、交流の場として、講演、部会、教室、展示、懇親会などを、1年に1度、2泊3日の日程で開催。

●**《おりがみの日記念イベント》の開催**
11月11日は「おりがみの日」。記念イベント「おりがみカーニバル」では、作品展や勉強会を行います。

●**《折紙講師》《折紙師範》《上級折紙師範》認定制度**
折り紙の指導者を育成し、地域での折り紙活動を助成します。

●**《日本折紙博物館》と提携**
日本折紙博物館(石川県加賀市)と提携、作品展示に協力しています。URL http://www.origami-hakubutsukan.ne.jp

日本折紙協会の会員になると…

折紙講師になれる!!
16歳以上の方は、「折紙講師」の資格がとれます。"おりがみ4か国語テキスト"に収録されているすべての作品を正しく折って、送ってください。

おりがみ級がとれる!!
「おりがみ級制度」は、「月刊おりがみ」の指定作品の折り方の添削指導です。

支部(サークル)設置推進中!!
会員5名以上で、「支部(サークル)」を作れます。

会員特典いろいろ／「世界のおりがみ展」入場無料(会員証をご提示ください)／協会発行単行本、取り扱い折り紙商品の割引購入(一部適用されない場合があります)／月刊「おりがみ」に創作作品を投稿できます／「世界のおりがみ展」「おりがみの日」など協会主催行事に作品を応募できます

NIPPON ORIGAMI ASSOCIATION
日本折紙協会
〒102-0076 東京都千代田区五番町12ドミール五番町2-064
TEL.03-3262-4764(代)　FAX.03-3262-4479
URL http://www.origami-noa.com/ 電子メール info@origami-noa.com

新作家シリーズ3

折り紙四季の作品集 - おもいで -
Origami picture album "Reminiscence"

2009 年 10 月 1 日 初版発行

著　　者　山科　節子　　　Author : Setsuko Yamashina
発 行 者　大橋　晧也
編集／発行　日本折紙協会
　　　　　〒 102-0076
　　　　　東京都千代田区五番町 12
　　　　　ドミール五番町 2-064
　　　　　TEL　03-3262-4764　(代)
　　　　　FAX　03-3262-4479
　　　　　URL　http://www.origami-noa.com/
　　　　　電子メール　info@origami-noa.com (事務局)
　　　　　　　　　　　henshubu@origami-noa.com (編集部)
　　　　　郵便振替口座　00110-6-188035

印 刷・製 本　株式会社 東京印書館
折り図／デザイン　青木　良・藤本祐子・編集部
写　真　松野　等

ISBN 978-4-931297-50-0　C2076

© Setsuko Yamashina, Nippon Origami Association　Printed in Japan 2009
本書掲載内容の無断転用を禁じます。
落丁・乱丁本は、お取り替えいたします。
No part of this publication may be copied or reproduced by any means
without the express written permission of the publisher and the author.